AF620056

HISTOIRE DES PLANTES

LES PLUS REMARQUABLES

DU BRÉSIL ET DU PARAGUAY;

COMPRENANT LEUR DESCRIPTION,
ET DES DISSERTATIONS SUR LEURS RAPPORTS, LEURS USAGES, etc.,

Avec des Planches, en partie coloriées.

PAR M. AUGUSTE DE SAINT-HILAIRE,
CORRESPONDANT DE L'ACADÉMIE DES SCIENCES, MEMBRE DE PLUSIEURS SOCIÉTÉS SAVANTES.

Dédiée à Sa Majesté Très-Fidèle.

Livraison.

A PARIS,
CHEZ A. BELIN, IMPRIMEUR-LIBRAIRE,
RUE DES MATHURINS SAINT-JACQUES, N°. 14.
1824.

RELATION

D'UN EMPOISONNEMENT

CAUSÉ

PAR LE MIEL DE LA GUÊPE LECHEGUANA.

§ I.

Considérations générales.

Aristote, Pline et Dioscoride ont assuré qu'en un certain temps de l'année, le miel des contrées voisines du Caucase rendoit insensés ceux qui en mangeoient. Xénophon et Diodore de Sicile racontent qu'aux approches de Trébizonde, les soldats de l'armée des dix mille mangèrent du miel qu'ils trouvèrent dans la campagne; qu'ensuite ils éprouvèrent un délire de plusieurs jours, et que les uns ressembloient à des ivrognes, les autres à des furieux ou à des moribonds. Quelques modernes ont confirmé ces récits, et ils ont reconnu que c'étoient les fleurs de l'*Azalea Pontica* et peut-être aussi celles du *Rhododendrum Ponticum* (1) qui communiquoient au miel de la Mingrélie des propriétés délétères. Au rapport de l'illustre Pitton de Tournefort, le P. Lambert dit que le miel recueilli sur un certain arbre de la Colchide

(1) Le savant M. Labillardière soupçonne que les empoisonnemens causés par le miel de l'Asie mineure pourroient être dus au *Menispermum cocculus*.

occasionne des vomissemens. Tournefort lui-même (Voy. II, p. 228) assure qu'une tradition constante établie parmi les habitans des bords de la Mer Noire leur fait considérer comme dangereux le miel sucé par les abeilles sur les fleurs de l'*Azalea Pontica.* Enfin un voyageur plus moderne, Guldenstaedt, le compagnon de Pallas, a vu lui-même le miel recueilli sur l'*Azalea;* il l'a trouvé d'un brun-noir, d'un goût amer, et dans plusieurs endroits de ses ouvrages il dit que ce miel cause des étourdissemens et qu'il rend insensé (Reis. I. pag. 275, 281, 297).

L'Asie mineure n'est pas la seule contrée où l'on ait trouvé du miel d'une qualité dangereuse. Voici comment s'exprime Roulox Barro dans son *Voyage au Brésil* traduit par Moreau en 1647. « Les plus gaillards des Tapuies furent » chercher du miel sauvage et des fruits desquels ils firent » un breuvage qu'on nomme de la *grappe*, duquel quicon- » que buvoit vomissoit aussitôt. » Dans l'île de Maragnon, l'abeille *Mumbuca* va quelquefois, suivant Pison (Bras. 56), se reposer sur la fleur de l'arbre appelé *Tapuraïba*, et alors son miel ordinairement délicieux devient entièrement amer. Azzara est bien plus précis encore; car il s'exprime comme il suit dans son *Voyage au Paraguay :* « Le miel d'une » abeille appelée *Cabatatu* donne un violent mal de tête, et » cause une ivresse au moins aussi forte que celle que pro- » duit l'eau-de-vie. Celui d'une autre espèce occasionne des » convulsions et les plus violentes douleurs qui se terminent » au bout de trente heures sans produire aucune suite fâ- » cheuse. Les gens de la campagne connoissent bien ces deux » espèces, et ils n'en mangent pas le miel, quoique le goût

» en soit aussi bon que celui des autres et que leur couleur » soit la même. »

Le miel de la Pensylvanie, de la Caroline méridionale, de la Géorgie, des deux Florides, lorsqu'il a été recueilli sur les *Kalmia angustifolia, latifolia, hirsuta*, et sur l'*Andromeda mariana*, occasionne souvent, selon Smith Barton (in Nichols. journ. vol. V, p. 159-165 (1)), des vertiges auxquels succède un délire dont le caractère varie suivant les individus. « Les personnes empoisonnées, ajoute le même » auteur, éprouvent des maux d'estomac, des convulsions, » des vomissemens, et quelquefois ces accidens sont suivis » de la mort. »

Ce n'est pas seulement en Asie et en Amérique que l'on a eu des exemples d'empoisonnemens causés par certains miels. Seringe raconte que deux pâtres suisses qui avoient mangé du miel sucé sur les *Aconitum napellus* et *lycoctonum* éprouvèrent de violentes convulsions, furent atteints d'un horrible délire, et que l'un des deux, qui ne put vomir, mourut en rendant par la bouche une écume teinte de sang (Monographie du genre Aconitum in Mus. Helv. vol. I, p. 128).

Tant d'autorités réunies n'étoient pas connues sans doute à ceux qui, de nos jours encore, ont traité de fabuleux les récits de l'historien des dix mille; mais si ces récits avoient besoin d'une nouvelle confirmation, on la trouveroit dans le fait que je vais rapporter, et qui m'est personnel. Pour me faire mieux comprendre, je donnerai d'abord une idée des

(1) L'opuscule de Smith Barton se trouve cité dans le Dictionnaire de Klaproth (v. III, p. 142), mais de la manière la plus erronée.

lieux où s'est passé l'évènement dont j'ai failli être la victime.

§ II.

Relation.

Après avoir parcouru les campagnes riantes du Rio de la Plata, j'avois cotoyé les bords moins habités de l'Uruguay, et j'étois parvenu jusqu'au camp de Belem qui remplaçoit la petite ville du même nom détruite par Artigas. Là on m'annonça que j'allois être obligé de parcourir un désert où je ne trouverois ni habitations ni traces de chemin; mais on ajouta qu'en cas de besoin je pourrois avoir recours à deux détachemens de soldats portugais postés sur les bords du fleuve, et l'on voulut bien me donner un guide pour m'accompagner jusqu'au premier poste placé vers l'embouchure du Guaray Au bord de cette rivière, j'échangeai mon guide contre un autre qui devoit me conduire jusqu'au ruisseau de S. Anna où étoit, me disoit-on, le second détachement. Arrivés à ce ruisseau, moi et mes gens, nous cherchâmes pendant deux jours le poste qui nous avoit été annoncé. Voyant que nos peines étoient infructueuses, je pris le parti de renvoyer à la rivière de Guaray le guide qui m'avoit conduit jusqu'au ruisseau de S. Anna, et qui n'avoit jamais été plus loin; je lui donnai, pour l'accompagner, un des soldats qui m'escortoient, et je chargeai celui-ci de m'amener un autre guide. Je m'établis en attendant sur les bords du ruisseau dans un lieu qui n'est peuplé aujourd'hui que par une multitude de jaguars et d'immenses troupeaux de jumens sauvages, de cerfs et d'autruches, en face de la rive droite de l'Uruguay parcourue sans cesse par des bandes d'insurgés espagnols en guerre avec les Portugais.

Il y avoit déjà quatre jours que j'étois dans ce lieu désert, fort contrarié par les pluies qui tomboient en abondance, incommodé par une foule d'insectes malfaisans, et n'ayant d'autre abri que ma charrette, lorsqu'enfin le temps se mit au beau, et me permit d'entreprendre une longue herborisation. Je pris avec moi deux de mes gens, et, bien armés pour nous défendre, s'il étoit nécessaire, contre les jaguars, nous parcourûmes les campagnes environnantes et les bords de l'Uruguay. Au bout de quelques heures, la faim nous ramena sur les bords du ruisseau, et nous la satisfîmes avec nos alimens ordinaires, de la farine de manhioc et de la chair de vache rôtie et bouillie.

Dans une petite promenade que nous avions faite la veille nous avions aperçu un guêpier qui étoit suspendu à environ un pied de terre à l'une des branches d'un petit arbrisseau. Il étoit à peu près oval, de la grosseur de la tête, d'une couleur grise, et d'une consistance cartacée comme nos guêpiers d'Europe.

Après notre déjeuner, les deux hommes qui m'avoient accompagné dans mon herborisation, allèrent détruire ce guêpier, et ils en tirèrent le miel. Nous en goûtâmes tous les trois; je fus celui qui en mangeai le plus, et je ne puis guère évaluer ce que j'en pris qu'à environ deux cuillerées. Je trouvai ce miel d'une douceur agréable, et absolument exempt de ce goût pharmaceutique qu'a si souvent celui de nos abeilles.

Cependant, après en avoir mangé, j'éprouvai une douleur d'estomac plus incommode que vive ; je me couchai sous ma charrette et je m'endormis. Pendant mon sommeil, les objets qui me sont le plus chers se présentèrent à mon imagination, et je m'éveillai profondément attendri. Je me levai; mais je me sentis d'une telle foiblesse qu'il me fut impossible de faire plus de cinquante pas; je retournai sous ma charrette; je m'étendis sur le gazon, et me sentis presque aussitôt le visage baigné de larmes que j'attribuai à un attendrissement causé par le songe que je venois d'avoir. Rougissant de ma foiblesse, je me mis à sourire; mais, malgré moi, ce rire se prolongea et devint convulsif. Cependant j'eus encore la force de donner quelques ordres, et, dans l'intervalle, arriva mon chasseur, l'un des deux Brasiliens qui avoient partagé avec moi le miel dont je commençois à sentir les funestes effets.

Cet homme, qui devoit la naissance à un mulâtre et à une Indienne, réunissoit à une rare intelligence le caractère le plus fantasque et toute la légèreté des métis de Nègres et de Blancs. Souvent, après avoir éprouvé de longs accès d'une gaieté folle et aimable, il tomboit sans aucune raison dans une mélancolie sombre qui duroit quelques semaines, et alors il trouvoit des motifs de s'irriter dans les paroles les plus innocentes et même les attentions les plus délicates. Jozè Mariano, c'est ainsi qu'il s'appeloit, s'approcha de moi, et me dit d'un air gai mais pourtant un peu égaré que depuis une demi-heure il erroit dans la campagne sans savoir où il alloit. Il s'assit sous la charrette et il m'engagea à prendre place à côté de lui. J'eus beaucoup de peine à me traîner jusque là, et, me sentant d'une foiblesse extrême, j'appuyai ma tête sur son épaule.

Ce fut alors que commença pour moi l'agonie la plus cruelle. Un nuage épais obscurcit mes yeux, et je ne distinguai plus que les traits de mes gens et l'azur du ciel traversé par quelques vapeurs légères. Je ne ressentois point de grandes douleurs, mais j'étois tombé dans le dernier affoiblissement. Le vinaigre concentré que mes gens me faisoient respirer, et dont ils me frottoient le visage et les tempes, me ranimoit à peine, et j'éprouvois toutes les angoisses de la mort. Cependant j'ai parfaitement conservé la mémoire de tout ce que j'ai dit et entendu dans ces momens douloureux, et le récit que m'en a fait depuis un jeune Français qui m'accompagnoit alors s'est trouvé parfaitement d'accord avec mes souvenirs. Un combat assez violent se passa dans mon âme, mais il ne dura que quelques instans; je triomphai de mes foiblesses et je me résignai à mourir. Ce qui m'affectoit plus, c'étoit le sort de mon Indien Botocude que j'avois tiré de ses forêts, et que je croyois devoir être, après ma mort, condamné à l'esclavage. Je conjurai ceux qui m'entouroient d'avoir pitié de son inexpérience, et de répéter à mes amis, lorsqu'ils les reverroient, que mes derniers vœux avoient été pour cet infortuné jeune homme. J'éprouvois un désir ardent de parler dans ma langue au Français qui me prodiguoit ses soins, mais il m'étoit impossible de retrouver dans mon souvenir un seul mot qui ne fût pas portugais, et je ne saurois rendre l'espèce de honte et de contrariété que me causoit ce défaut de mémoire.

Lorsque je commençai à tomber dans cet état singulier, j'essayai de prendre de l'eau et du vinaigre; mais, n'en ayant obtenu aucun soulagement, je demandai de l'eau tiède. Je m'aperçus que toutes les fois que j'en avalois, le nuage qui me couvroit les yeux s'élevoit pour quelques instans, et je me mis à boire de l'eau tiède à longs traits et presque sans interruption. Sans cesse je demandois un vomitif à mon jeune Français ; mais, comme il étoit troublé par tout ce qui se passoit autour de lui, il lui fut impossible d'en trouver un. Il cherchoit dans la charrette ; j'étois assis dessous, et par conséquent je ne pouvois l'apercevoir : cependant il me sembloit qu'il étoit sous mes yeux, et je lui reprochois sa lenteur. C'est la seule erreur où je sois tombé pendant cette cruelle agonie.

Sur ces entrefaites, le chasseur se leva sans que je m'en aperçusse ; mais bientôt mes oreilles furent frappées des cris affreux qu'il poussoit. Dans cet instant je me trouvai un peu mieux, et aucun des mouvemens de cet homme ne m'échappa. Il déchira ses vêtemens avec fureur, les jeta loin de lui, prit un fusil et le fit partir. On lui arracha son arme des mains, et alors il se mit à courir dans la campagne, appelant la Vierge à son secours, et criant avec force que tout étoit en feu autour de lui, qu'on nous abandonnoit tous les deux, et qu'on alloit laisser brûler nos malles et la charrette. Un pion Guarani qui faisoit partie de ma suite, ayant essayé inutilement de retenir cet homme, fut saisi de frayeur et prit la fuite.

Jusqu'alors je n'avois cessé de recevoir des soins du soldat qui avoit partagé avec moi et mon chasseur le miel qui nous avoit été si funeste ; mais lui-même avoit commencé par être fort malade ; cependant comme il avoit vomi très-promptement, et qu'il étoit d'un tempérament robuste, il avoit bientôt repris des forces : il s'en faut pourtant qu'il fût entièrement rétabli. J'ai su depuis que, pendant qu'il me soignoit, sa figure étoit effrayante et d'une pâleur extrême. « Je vais, » dit-il tout-à-coup, donner avis de ce qui se passe à la » garde du Guaray. » Il monte à cheval (1), et se met à galoper dans la campagne; mais bientôt le jeune Français le vit tomber; il se releva, galopa une seconde fois, tomba encore, et, quelques heures après, mes gens le trouvèrent profondément endormi dans l'endroit où il s'étoit laissé tomber.

Alors je me trouvai seul et presque mourant encore avec un homme furieux, mon Indien Botocude qui n'étoit qu'un enfant, et le jeune Français, que tant d'événemens extraordinaires avoient pour ainsi dire privé de la raison. Toute la matinée nous avions aperçu des insurgés espagnols sur l'autre rive du fleuve; quelques uns même, qui l'avoient traversé à un gué voisin, s'étoient montrés dans l'éloignement du côté où nous étions, et, s'ils ne nous avoient point attaqué, c'étoit sans doute parce qu'ils ne pouvoient soupçonner que nous fussions aussi peu nombreux. Les dangers de ma situation se peignirent vivement à mon esprit, et, affoibli comme je l'étois alors, je sentis mon mal s'en augmenter encore.

J'avois calculé que le soldat que j'avois envoyé au Guaray devoit revenir ce jour-là même avec le nouveau guide. Je me flattai que je pourrois obtenir d'eux quelques secours, et mon imagination se partagea toute entière entre le désir ardent de les voir arriver et la crainte des dangers que je courois. Je crus entrevoir des chiens qui accompagnoient mon premier guide, et le Français m'assura que je ne me

(1) Nous avions soin d'avoir toujours auprès de nous quelques chevaux sellés.

trompois point; je pensai qu'ils revenoient avec mon soldat et je me sentis ranimé par une lueur d'espérance; mais ces animaux disparurent bientôt et me laissèrent à toutes mes inquiétudes. Ils avoient fait partie de ces bandes de chiens marrons qui errent dans les campagnes désertes de l'Uruguay, et peu attachés à un maître qui les nourrissoit mal, ils avoient sans doute été rappelés par la faim dans un lieu où ils avoient vu peu de jours auparavant égorger une vache dont nous leur avions donné une large portion.

Sur ces entrefaites, le chasseur Jozè Mariano vint s'asseoir auprès de moi; il étoit plus calme et avoit passé un linge autour de ses reins; mais il n'avoit pas encore recouvré l'usage de la raison. « Mon maître, me disoit-il, il y a si long-temps » que je vous accompagne; je fus toujours un serviteur fi- » dèle; je suis dans le feu, ne me refusez pas une goutte d'eau. » Plein de terreur et de compassion, je lui pris la main, et autant que mes forces me le permirent, je lui adressai quelques paroles de consolation et d'amitié.

Cependant l'eau chaude dont j'avois bu une quantité prodigieuse finit par produire l'effet que j'en avois espéré, et je vomis, avec beaucoup de liquide, une partie des alimens et du miel que j'avois pris le matin. Je commençai alors à me sentir soulagé; un engourdissement assez pénible que j'éprouvai dans les doigts fut de courte durée; je distinguai ma charrette, les pâturages et les arbres voisins; le nuage qui, auparavant, avoit caché ces objets à mes yeux ne m'en déroboit plus que la partie supérieure, et si quelquefois il s'abaissoit encore, ce n'étoit que pour quelques instans. Quoi qu'il en soit, l'état de Jozè Mariano continuoit à me donner de vives inquiétudes, et j'étois également tourmenté par la crainte de ne jamais recouvrer moi-même l'entier usage de mes forces et de mes facultés intellectuelles : un second vomissement commença à dissiper ces craintes, et me procura un nouveau soulagement; j'eus moins de peine encore à distinguer les objets dont j'étois entouré; je commençai à parler à mon gré le Portugais et ma langue maternelle; mes idées devinrent plus suivies, et j'indiquai clairement au jeune Français où il pourroit trouver un vomitif. Quand il me l'eut apporté, je le divisai en trois portions, et je vomis, avec des torrens d'eau, le reste des alimens que j'avois pris le matin. Jusqu'au moment où je rendis la troisième portion de vomitif, j'avois trouvé une sorte de plaisir à avaler de l'eau chaude à longs traits; alors elle commença à me causer de la répugnance, et je cessai d'en boire : le nuage disparut entièrement; je pris quelques tasses de thé, je fis une courte promenade, et, aux forces près, je me trouvai dans mon état naturel.

A peu près dans le même moment la raison revint tout-à-coup à Jozè Mariano, sans qu'il eût éprouvé aucun vomissement; il prit de nouveaux habits, monta à cheval, et alla à la recherche du soldat qu'il ramena bientôt.

Il pouvoit être dix heures du matin lorsque nous goûtâmes tous les trois le miel qui nous fit tant de mal, et le soleil se couchoit lorsque nous nous trouvâmes parfaitement rétablis. L'absence momentanée du Français et de l'Indien Botocude les avoit préservés de manger du miel avec nous. Le soldat en avoit présenté au pion Guarani; mais celui-ci qui en connoissoit la qualité délétère avoit refusé d'en prendre : le Brasilien avoit ri de sa crainte, et n'avoit pas même cru devoir m'en faire part.

Le lendemain j'étois encore un peu foible ; le soldat se plaignoit d'être sourd d'une oreille ; Jozè Mariano assura qu'il n'avoit point encore recouvré ses forces, et que tout son corps lui paroissoit enduit d'une matière gluante. Cependant, comme notre nouveau guide étoit arrivé la veille au soir, nous partîmes de bonne heure, afin de nous éloigner d'un lieu que nous ne pouvions plus voir qu'avec une sorte d'horreur. Pendant toute la journée, il me fut impossible de penser à autre chose qu'aux événemens de la veille ; et, lorsque nous fîmes halte, je les écrivis tels que je viens de les rapporter.

J'avois dit à l'un de mes soldats que je serois bien aise de posséder quelques guêpes de l'espèce qui produit le miel dont nous avions éprouvé les fâcheux effets. Un peu avant d'arriver au lieu où nous arrêtâmes le jour qui suivit notre empoisonnement, je fus appelé par le soldat, qui me montra un guêpier semblable à celui de la veille ; il avoit la même forme, les mêmes dimensions, la même consistance ; il étoit également suspendu à l'une des branches les plus basses d'un petit arbrisseau, et mon pion Guarani, ainsi que le nouveau guide, un autre pion et plusieurs Indiennes que le guide avoit amenés avec lui, reconnurent ce guêpier pour appartenir, comme celui de la veille, à l'espèce connue dans le pays sous le nom de *Lecheguana :* mon soldat s'empara du guêpier, et il m'apporta quelques-unes des mouches, ainsi que des fragmens de leur demeure. Les gâteaux que j'ai remis, avec le guêpier, au Cabinet du Roi, étoient pareils à ceux que j'avois eu entre les mains le jour précédent; le miel dont ils étoient remplis avoit la couleur rougeâtre de celui de la veille, et il étoit également très-liquide.

On se représentera sans peine l'étonnement et le chagrin que j'éprouvai, lorsque le soldat me dit que mon Indien Botocude, qui avoit été témoin de notre empoisonnement, et le pion du guide avoient mangé de ce même miel, et que leur exemple avoit entraîné mon pion Guarani : je ne pus m'empêcher d'accabler ces hommes de toutes les marques de l'indignation et du mépris. Ce miel ne me fera pas de mal, me répondit froidement le Botocude, il est si doux! Paroles qui caractérisent parfaitement les Indiens; tout entiers au présent, et sans inquiétude sur l'avenir.

M'attendant à voir les scènes de la veille se renouveler, je préparai des vomitifs; j'envoyai mes gens se coucher, et je me mis à travailler dans ma charrette. A minuit, tout étoit autour de moi dans la tranquillité la plus profonde; j'éveillai le Botocude; il m'assura qu'il se portoit à merveille, et la nuit acheva de se passer sans accident.

Aussitôt que je fus sorti des déserts où j'étois alors, et que j'entrai dans la province des Missions, j'interrogeai beaucoup de gens sur le miel des *Lecheguana*. Tous, Portugais, Guaranis, Espagnols, s'accordèrent à me dire que l'on distinguoit dans le pays deux espèces de Lecheguana; l'une qui donne un miel blanc (*Lecheguana de mel branco*), et l'autre qui produit un miel rougeâtre (*Lecheguana de mel vermelho*); ils ajoutèrent que le miel de la première espèce ne faisoit jamais de mal; que celui de la seconde, la seule que je connoisse, n'en causoit pas toujours; mais que, quand il incommodoit, il occasionnoit une sorte d'ivresse ou de délire, dont on ne se délivroit que par des vomissemens, et qui alloit quelquefois jusqu'à donner la mort.

On m'assura que l'on connoissoit parfaitement la plante sur laquelle la guêpe lecheguana va souvent sucer un miel empoisonné ; mais on ne me la montra point, et je me trouve malheureusement réduit à former des conjectures.

Je profiterai de cette occasion pour dire quelques mots des diverses plantes vénéneuses qui croissent dans le Brésil méridional.

§ III.

Des plantes vénéneuses du Brésil méridional.

Les premiers historiens du Brésil ont beaucoup parlé de l'art avec lequel les Indiens préparoient des poisons. Ils peuvent à leur gré, dit Pison (Bras. 46), infecter l'air et les eaux, empoisonner leurs flèches, les vêtemens de leurs ennemis, et jusqu'aux fruits naissans dont ceux-ci doivent se nourrir un jour. Mais, comme Southey l'insinue très-bien (Hist. Bras., t. I, p. 237), il est fort vraisemblable que de tels récits ont été imaginés par la haine des oppresseurs contre les opprimés, et ceux-ci, peut-être pour se faire craindre à leur tour, auront cherché à accréditer eux-mêmes des fables inventées d'abord dans l'intention de les rendre plus odieux. Pison justifie assez cette assertion, lorsqu'il prétend que les Indiens, en faisant un mystère de leurs poisons, en montroient sans peine les antidotes. Il est évident que si ces hommes étoient intéressés à ne point divulguer les funestes secrets qu'on leur attribue, ils avoient un intérêt égal à cacher les remèdes qui devoient détruire l'effet de leurs poisons. Pison cependant nous a révélé une de leurs recettes, et il la compose d'un mélange bizarre des semences d'une *Légumineuse* qu'il appelle *Mucunaguaçu*, de ceux des *Cerbera Ahovai* et *Thevetia* (*Ahovai guaçu* et *miri*), du fiel d'un crapaud, des vers qui naissent dans le suc du manhioc, des feuilles de quelques sensitives (*Herba casta*), et de celles de ces Rubiacées qu'il nomme *Tangaraca* ou *Erva de rato*. Si j'ajoute aux plantes que je viens de citer l'*Annonée*, appelée *Araticu pana*, et les *Sapindacées*, que Pison appelle *Cururuapè* (1) et *Timbò*, nous aurons avec le manhioc, toutes les plantes vénéneuses du Brésil citées par Pison. Or on voit que, si quelques-unes de ces plantes peuvent, dans certains cas, avoir des inconvéniens pour la santé, elles sont loin de ces terribles poisons des Indes orientales, dont l'idée seule cause de l'effroi. Ce ne sont certainement pas des végétaux bien redoutables que cet *Araticu pana*, qui, de l'aveu de l'auteur lui-même, ne cause d'accidens que lorsqu'il est mangé avec excès, et ces *Herba casta* dont Marcgraff, qui en reproduit la figure, n'a pas même indiqué les qualités nuisibles.

Aruda et Coster qui, depuis Pison, ont habité les mêmes pays que lui, ne rappellent point les plantes que je viens de citer; et, en général, ils ne font mention d'aucun végétal venimeux.

Je ne doute point que dans les parties les plus chaudes

(1) *Paullinia pinnata* L.

du Brésil septentrional, il ne se trouve des plantes dont les propriétés soient éminemment délétères, témoin cet *Oassacu* à odeur enivrante, cité par M. Martius (Phys. bras., 11). Mais quoique la Flore de Fernambouc ait encore beaucoup d'analogie avec celle des provinces du St.-Esprit, de Rio-de-Janeiro et Minas-Geraes, peut-être me suis-je déjà trop écarté de mon sujet en parlant de la végétation d'un pays où je n'ai point voyagé : je me bornerai actuellement à celle des contrées que j'ai parcourues.

Personne n'étoit plus capable de nous instruire des anciennes traditions des Indiens que le fameux Père Anchieta, qui avoit si long-temps vécu parmi eux, et qui possédoit si parfaitement leur langue; cependant avec le manhioc, il ne cite, dans sa lettre sur la province de St.-Paul, d'autre poison que les *Timbò*, ces *Sapindacées* dont Pison, comme je l'ai dit, avoit aussi cité quelques espèces, et qui, comme la *Coque du Levant*, ont la propriété singulière d'endormir les poissons, propriété également signalée par Barrère, La Condamine et Adanson soit dans le *Paullinia Cururu*, soit dans le *Paullinia pinnata*.

L'abbé Vellozo de Villa-Rica qui avoit long-temps voyagé dans la province des Mines, pour en observer la végétation, a eu soin d'indiquer dans ses manuscrits les propriétés des plantes qu'il avoit recueillies; et les seules qu'il cite comme vénéneuses sont encore un *Paullinia* ou *Timbò*, qu'il dit être mortel pour les mammifères, et l'un de ses *Galvinia* ou *Erva de rato*, *Rubiacée* qui est la même que l'un des *Erva de rato* de Marcgraff, et qu'on dit être fort nuisible aux bestiaux. (*Palicourea Margravii* N.)

Dans une liste générale des plantes les plus remarquables du Brésil, l'abbé Casal n'en nomme qu'une dont les propriétés soient délétères; l'arbre appelé *Tinguy*(1) dont les feuilles, comme celles du *Timbò*, font mourir les poissons, et que j'ai reconnu pour une *Sapindacée* anomale. Lorsqu'ensuite le même auteur traite en particulier de la végétation des provinces qui s'étendent entre le Rio-de-la-Plata, le Carynhenha et le Rio-Doce, il ne signale encore d'autres plantes vénéneuses que les *Timbò* (Coreg., t. II, p. 48), qu'il confond alors avec le *Tinguy*, et un *Guaratimbò*, auquel on attribue, dit-il, l'insalubrité des eaux du *Muryahè*. Il dit à la vérité, en parlant de la végétation des Mines, qu'on y trouve des plantes vénéneuses; mais comme il ajoute qu'elles font mourir les poissons, il est clair que ce sont toujours les *Timbò* qu'il a en vue.

Mon respectable ami, le P. Léandro do Sacramento, a indiqué une plante nuisible, la *Légumineuse*, qu'il appelle *Martiusea physalodes*; mais il paroît qu'il ne la considère comme nuisible que pour les bestiaux (Voy. Schultes, Mant. p. 226).

Mawe, Lukok, Eschwegge ne sont point des botanistes; cependant le dernier avoit fait un long séjour dans la province des Mines; Lukok avoit habité pendant dix ans Rio-de-Janeiro, Ste.-Catherine, Rio-Grande, S. Joaô-del-Rey, et il est à croire que si ces auteurs eussent entendu parler de quelques poisons dangereux, ils en eussent fait mention dans leurs écrits.

---

(1) Il y en a deux espèces, comme on le verra plus bas.

A la vérité MM. Spix et Martius disent, dans leur intéressant voyage, qu'aux environs de Rio-de-Janeiro, le *Cancer Uca* se retire entre les racines des Mangliers pour s'y nourrir de plantes vénéneuses; mais les savans Bavarois ne nomment point ces plantes, et comme la remarque que je viens de citer se trouve dans une simple note, il est à croire qu'elle n'est que le résultat d'un soupçon que les deux auteurs ont conçu, parce qu'ils considèrent le crabe dont il s'agit comme un animal suspect.

Quant à moi, j'ai rencontré dans mes voyages beaucoup de plantes qui, dans certaines circonstances et prises à certaines doses, peuvent devenir très-nuisibles; quelques stimulans très-actifs, des plantes âcres, des *Euphorbiacées*, qui causent souvent des superpurgations dangereuses, etc. On m'a confirmé les propriétés des *Timbò* et des *Tinguy* (*Magonia pubescens* et *glabrata* N.), et l'on m'a assuré même que l'un des *Timbò*, non-seulement étoit nuisible aux poissons, mais qu'il pouvoit être dangereux pour les quadrupèdes et pour l'homme (*Serjania lethalis* N.). Plusieurs *Rubiacées* (*Rubia noxia, Psycotria noxia, Palicourea Marcgravii* N.) m'ont été indiquées par les cultivateurs, et toujours sous le nom de *Erva de rato*, comme donnant la mort aux bestiaux qui la mangent. La *Légumineuse* qu'on appelle *Jacatupè*, et dont les racines sont comestibles, produit, dit-on, des fleurs vénéneuses; un *Convolvulus*, que j'ai trouvé abondamment sur les bords de la mer, dans les provinces de Rio-de-Janeiro et du St.-Esprit, est, à ce qu'on assure, dangereux pour les bestiaux. On éprouve une espèce d'enivrement quand on mange avec excès les fruits de la *Myrtée*, que l'on nomme vulgairement *Cagaiteira.* Le *Miomio* du Rio-de-la-Plata fait périr les bêtes à corne. Il paroît certain que le *Schinus arroeira* cause des enflures à ceux qui dorment sous son ombrage. On m'a assuré enfin que la racine de la *Mimose*, appelée *Spongia*, étoit un vrai poison, etc.

Voilà sans doute des plantes dangereuses. Cependant, d'après tout ce qui précède, il est clair que jusqu'ici l'on n'a reconnu, dans le Brésil méridional aucune espèce vénéneuse que l'on puisse comparer, par exemple, au *Tieute* ou à l'*Anthiaris Upar*, et je serois même porté à croire que, proportion gardée, il n'y a pas dans cette contrée plus de végétaux nuisibles que l'on n'en compte dans la Flore de notre pays.

La plante qui rend vénéneux le miel du Pont-Euxin est bien loin d'être un poison du premier ordre, comme le prouve assez l'effet qu'au rapport de Guldenstædt elle produit sur les chèvres; et par conséquent l'espèce dont les sucs empoisonnent souvent le miel de la guêpe *Lecheguana,* peut fort bien ne pas être plus dangereuse que l'*Azalea Pontica.*

Il n'est nullement vraisemblable que ce soit un *Andromeda,* car je n'ai vu aucune espèce de la famille des *Ericacées* dans la province de Rio-Grande, la province Cisplatine et celle des Missions. Ce seroit encore moins un *Azalea*, puisque non-seulement il ne croît pas une plante de ce genre dans les diverses parties de l'Amérique que j'ai parcourues, mais encore sur les cent familles qui ont été signalées par M. de Jussieu dans son *Genera*, celle des *Rhoderacées* est la seule dont je n'aie trouvé aucune espèce dans le cours de mes voyages.

Au reste mes soupçons doivent tomber sur un très-petit

nombre de plantes; car celle qui avoit rendu vénéneux le miel des guêpes du Rio de Santa-Anna, ne croissoit dans ce canton, probablement, que dans un espace de terrain fort peu considérable, puisqu'à quelques lieues du Rio-de-Santa-Anna, le miel d'un autre guèpier de *Lecheguana* n'étoit plus narcotique.

Il est même assez vraisemblable que la plante qui rend souvent dangereux le miel de la guêpe Lecheguana, ne croît pas dans tout l'ancien Paraguay; car Azzara qui parle du miel enivrant de l'abeille *Cabatatu*, et qui a fort bien décrit le guèpier des *Lecheguana*, ne dit point que le miel de ces guèpes soit souvent dangereux. Il y a plus, le même auteur ne nous fournit aucune donnée sur les plantes nuisibles du Paraguay, puisque, parmi le nombre assez considérable de végétaux de cette contrée, qu'il a cités dans un voyage, il n'en désigne aucun comme ayant des qualités nuisibles.

Si, à présent, je consulte l'excellent ouvrage de M. de Candolle sur les propriétés médicales des plantes, et les meilleurs auteurs qui ont traité la même matière, et que je joigne à leurs observations le fruit de mes recherches, je trouverai que le nombre des familles de *Phanerogames* qui produisent des plantes narcotiques, les seules auxquelles je doive naturellement m'arrêter, se réduit à une vingtaine, savoir; *Menispermées*, *Sapindacées*, *Papaveracées*, *Therebintacées*, *Légumineuses*, *Rosacées*, *Ombellifères*, *Chicoracées*, *Rhodoracées*, *Apocinées*, *Solanées*, *Scrophularinées*, *Euphorbiacées*, *Conifères*, *Aristolochiées*, *Iridées*, etc. En jetant un coup d'œil sur les espèces que j'ai recueillies dans un espace d'environ 45 lieues portugaises, de Belem à l'Ibicuy, espace dans lequel se trouve le Rio-de-Santa-Anna, je n'en trouve pas qui appartiennent à plus de six des familles que je viens de citer, et ce sont des *Euphorbiacées* (*Euphorbia papillosa*, *Microstachys ramosissima*, *Caperonia linearifolia*, N.); des *Apocinées* (entr'autres *Asclepias mellodora* et *Echites petrea*, N.); une *Sapindacée*, des *Solanées*, des *Légumineuses*, deux *Scrophularinées*. C'est donc sur ces plantes, au nombre de vingt-un, que s'arrêteront mes conjectures; mais comme les *Légumineuses*, les *Euphorbiacées* et les *Apocinées* n'appartiennent point aux genres parmi lesquels on a désigné particulièrement des narcotiques, je songerai principalement aux quatre *Solanées* (*Nicotiana acutiflora*, *Solanum Guaraniticum*, *Fabiana thymifolia*, *Nierembergia graveolens* N.); à la *Sapindacée* (*Paulinia australis* N.); aux deux *Scrophularinées* (*Stemodia palustris* et *gratiolæfolia*, N.), et parmi celles-ci ce sera sur la *Sapindacée* que je ferai principalement tomber mes conjectures, parce que je connois déjà les effets narcotiques que produisent, dans ces contrées, plusieurs végétaux de la même famille, et qu'en outre l'espèce que je signale étoit de toutes les plantes que je viens de citer celle qui fleurissoit le plus près du guêpier dont le miel a failli m'être si funeste.

J'ai poussé la vraisemblance des conjectures aussi loin qu'il m'a été possible; je vais actuellement laisser parler le profond entomologiste qui a bien voulu enrichir ce mémoire, en y joignant une dissertation sur la guêpe *Lecheguana*, et la description de cette espèce d'insecte.

§ IV.

Dissertation sur la Guêpe *Lecheguana*, par M. Latreille.

D'après nos connoissances sur les habitudes des insectes, les abeilles sembloient jusqu'à ce jour posséder exclusivement la faculté de recueillir le miel et de le conserver dans des alvéoles. Cette opinion me paroissoit même tellement fondée que, quoiqu'un observateur dont la véracité et l'exactitude ne peuvent être révoquées en doute, Don Félix d'Azzara, nous eût dit, dans la relation de ses voyages au Paragauay, que certaines guêpes de ces contrées faisoient du miel, j'avois pensé avec M. Walckenaer (*Traduct. de ces voyages,* t. I, pag. 165) que le voyageur, espagnol peu versé en entomologie, s'étoit mépris à l'égard de ces insectes, et qu'on devoit les ranger, soit avec les *Mélipones*, soit avec les *Trigones*, hyménoptères analogues sous ce rapport à nos abeilles et aux bourdons. (Voyez le *Recueil d'Observations et de Zoologie et d'Anat. comparée* de MM. Alexandre de Humboldt et Aimé Bonpland, et la seconde édition du *nouveau Dict. d'hist. natur.*, article *Mélipone.*) Cependant les faits recueillis par M. de Saint-Hilaire, dans son voyage au Brésil relativement à l'une de ces guêpes, celle que d'Azzara nomme *Lecheguana,* prouvent incontestablement que ce dernier auteur avoit bien jugé les rapports naturels de cet insecte, et que des espèces de guêpes de l'Amérique méridionale, en employant pour la construction de leurs nids les mêmes matériaux et essentiellement le même genre d'architecture que les nôtres, destinent néanmoins une partie de leurs gâteaux à recevoir un miel excellent, ayant plus de consistance que celui des abeilles, et dont M. de Saint-Hilaire nous a donné une quantité suffisante pour en connoître la nature (voyez ci-après son analyse chimique). Au premier examen des gâteaux apportés par ce savant botaniste, je n'ai pas hésité à reconnoître mon erreur et à déclarer que l'insecte qui les avoit construits devoit appartenir à ma sous-famille des *Guèpiaires* et se rapprocher des *Guêpes cartonnières* et autres espèces composant aujourd'hui mon genre *Poliste.* Cet hyménoptère est aussi désigné sous le nom de *Lecheguana* dans la belle collection zoologique formée au Brésil par M. de Saint-Hilaire, collection d'autant plus précieuse pour le Muséum d'histoire naturelle, qu'elle offre un très-grand nombre d'espèces recueillies dans des provinces qui n'avoient pas été explorées. J'ai eu la facilité d'en étudier les caractères. Le résultat de cet examen a été que l'insecte étoit réellement de ce genre, et qu'il n'étoit pas indiqué ou décrit dans les auteurs systématiques. D'autres naturalistes ou voyageurs, antérieurs à d'Azzara, tels que Pison, Marcgrave, Hernandez, etc., en ont-ils fait mention? c'est ce qui est plus problématique. En comparant les descriptions que fait d'Azzara des guêpiers construits par les insectes qu'il appelle *Lecheguana* et *Camuatis*, avec ce que le dernier, dans son Histoire naturelle de la Nouvelle-Espagne, liv. 9, page 133, nous dit de deux espèces d'abeilles, dont il figure les nids sous les noms de *Micatzonteco*, *Mimiaoatl* et *Yzaxalagmitl*, figures que j'ai reproduites dans mon Mémoire sur les abeilles de l'Amérique (*Rec. d'Observat. et de Zoolog. et d'Anat. comp.* de MM. de Humboldt et Bonpland), j'ai lieu de soupçonner que ces insectes sont identiques ou peu différens. La première de ces ruches seroit celle de la guêpe *Lecheguana*. L'abeille dont, selon Marcgrave, le miel est appelé *Kitshaara*, et dont la ruche longue d'une demi-aune, et formée d'une espèce de papier grossier, est suspendue à des arbrisseaux ou à de petits arbres, pourroit bien encore ne pas différer de l'insecte précédent. Les observations que m'a communiquées à l'égard de celui-ci, M. de Saint-Hilaire, concordent assez bien avec celles de Marcgrave.

Les sociétés de nos guêpes indigènes finissent aux approches de l'hiver. Mais il est probable qu'il n'en est pas ainsi de celles des guêpes propres à des pays dont la température atmosphérique est beaucoup plus élevée, et où cette saison n'est tout au plus distincte que par le repos de la végétation ou moins d'activité dans ses développemens. C'est peut-être pour mettre à profit ce luxe de végétation qui caractérise les contrées équatoriales ou avoisinant les tropiques, et pour se précautionner contre les temps de disettes que ces guêpes recueillent du miel. Celle que les Brasiliens appellent *Lecheguana* se rapproche beaucoup, ainsi que j'en ai prévenu plus haut, de la *Guêpe cartonnière* de Réaumur, que Fabricius place avec les guêpes proprement dites, en la désignant sous le nom de *nidulans* (*System. piezatorum*, pag. 266), et que j'avois d'abordsé parée dans un genre propre, celui d'*Epipone* (*Epipona*). Mais il est évident que l'épistome ou le chaperon et les organes masticatoires de cet insecte, sont les mêmes que ceux des *Polistes*, et qu'il doit être rapporté à cette première division du genre que j'ai caractérisée ainsi dans le quatrième volume de mon *Genera crustaceorum et insectorum*, p. 141 : *metathorax postice et abdomen antice abruptè truncata; hoc brevissimè pediculato; illius segmento antico in pediculum elongatum non angustato.* Les formes de ces parties sont communes tant aux guêpes proprement dites ou à celles de notre genre *vespa*, qu'à plusieurs guêpes solitaires. Voilà pourquoi Fabricius, ne consultant que ces analogies, a confondu génériquement ces hyménoptères. Ses guêpes *sericea* et *scutellaris* paroissent avoir une grande affinité avec notre *Polistes lecheguana*; mais la première s'en éloigne par la couleur de l'écusson, et la seconde par celle des pieds.

Les mandibules de ce *Poliste* sont terminées par quatre dents, dont les trois supérieures très-aiguës diminuent peu à peu de grandeur, et dont la quatrième ou l'inférieure est comme tronquée et échancrée. Le thorax est plus fortement tronqué à son extrémité postérieure que dans d'autres espèces de la même division, la *nidulans* notamment, de manière que l'écusson, en forme de carré transversal, un peu échancré ou concave au milieu de son bord postérieur, s'avance un peu au-delà du métathorax, et qu'une portion supérieure de la base de l'abdomen peut s'appliquer contre lui. Le second anneau de cette partie du corps étant fort grand et pouvant recevoir les suivans, elle se présente sous une forme presque globuleuse, mais se terminant en pointe. Ce n'est qu'en entrant dans ces moindres détails de formes, que l'on pourra distinguer rigoureusement et sans équivoque les espèces très-nombreuses du genre *Vespa* de Linnæus. En admettant la division exposée ci-dessus, les caractères spécifiques du Poliste lecheguana, *Polistes lecheguana,* deviennent très-simples et peuvent être exprimés ainsi :

Corps noir, un peu soyeux, ponctué; écusson avancé; tête, thorax et pieds sans taches; métathorax unidenté de chaque côté; bord postérieur des cinq premiers anneaux de l'abdomen jaune; ailes supérieures enfumées à leur base.

Corpore nigro, subsericeo, punctato; scutello prominulo; capite, thorace pedibusque immaculatis; metathorace utrinquè unidentato; abdominis segmentis quinque primis posteriùs flavo marginatis; alis superis basi obscuro-flavidis.

L'abdomen est plus luisant et plus finement ponctué que les autres parties du corps. Le jaune qui borde postérieurement ses cinq premiers anneaux tire un peu vers l'orangé. Les deux dents du méthatorax sont formées par le prolongement de ses angles postérieurs. Le duvet soyeux est généralement obscur : mais sur les côtés inférieurs du mésothorax et près des angles du métathorax, il est un peu luisant et semble y former des espèces de taches.

Je n'ai vu que des individus neutres. La longueur du corps est d'environ huit millimètres. M. Langsdorff m'avoit envoyé cet insecte, mais sans indication particulière.

Un jeune chimiste, élève de M. Vauquelin, attaché en cette qualité à l'Ecole vétérinaire et royale d'Alfort, déjà connu par de bons travaux en ce genre, M. Lassaigne fils, a bien voulu s'occuper de l'analyse du miel fourni par cet insecte; ainsi que de celle de la matière dont ses gâteaux se composent. En voici textuellement le résultat.

§ V.

Examen chimique du miel de la Guêpe Lecheguana.

Ce miel avoit une couleur d'un jaune rougeâtre clair, une odeur légère de sirop fermenté, une saveur agréable et une consistance syrupeuse. Il rougissoit le papier de tournesol; sa solution aqueuse ne précipitoit point l'acétate ni le sous-acétate de plomb.

Soumis à la distillation dans une cornue de verre avec une petite quantité d'eau, il a donné un produit d'une foible odeur vineuse et qui rougissoit la teinture de tournesol. On s'est assuré que l'acidité étoit due à de l'acide acétique; quant à l'odeur vineuse du produit distillé, sa petite quantité a empêché de déterminer si elle appartenoit à un peu d'alcool qui se seroit formé antérieurement. Au reste, ces résultats prouvent que ce miel auroit subi, pendant son transport, une légère fermentation.

Une partie de ce miel agitée avec de l'alcool à 33° s'est dissoute presque entièrement, à l'exception de quelques flocons jaunâtres d'une matière gommeuse, et de quelques débris des cellules d'où on l'avoit retiré. Sa solution alcoolique, évaporée en vaisseaux clos, a laissé un sirop incristallisable, d'un jaune rougeâtre et d'un goût agréable, semblable à celui du sirop fabriqué avec le miel de nos abeilles.

La solubilité totale du miel de guêpes dans l'alcool, établit une grande différence avec celui des abeilles, qui, comme on le sait, abandonne, lorsqu'on le traite par ce dissolvant, une matière sucrée, solide et cristallisable.

Le miel de guêpes diffère donc de celui d'abeilles qui est

formé de deux principes sucrés, l'un solide et l'autre liquide et incristallisable, en ce qu'il ne contiendroit que cette dernière espèce de sucre.

Les rayons où étoit déposé ce miel paroissent formés d'une matière fibreuse qui auroit été pétrie et réduite en pâte comme le présente le papier; on y trouve au fond de petites particules de feuilles et de pétioles.

La substance de ces rayons jouit de toutes les propriétés chimiques de la fibre ligneuse; on n'y rencontre que des traces inappréciables de cire, qu'on doit plutôt considérer comme existant dans les matériaux propres à la confection de ces cellules, que comme produit par ces insectes.

§ VI.

Descriptions.

1. Stemodia palustris. †

S. foliis oppositis, sessilibus, oblongo-linearibus, acutis, obsolete dentatis, superioribus angustioribus, sublinearibus, supremis rameisque linearibus, angustissimis; floribus subspicatis, breviter pedunculatis; calyce puberulo.

Caulis herbaceus, 5-8 pollicaris, erectus vel ascendens, ramosus, basi quandoquè stolonifer, 4-gonus, apice puberulus : rami graciles, erectiusculi, 4-goni, apice puberuli : stolones breviusculi, punctis conspersi glandulosis. Folia opposita, sessilia; inferiora circiter 1 pol. longa, 3 l. lata, oblongo-linearia, acuta, basi attenuata, remotè obsoletèque dentata, punctis glandulosis conspersa; superiora angustiora, sublinearia, cæterùm conformia; suprema rameaque 2-4 l. longa, $\frac{1}{2}$ l. lata, linearia, angustissima; stolonum sublinearia, erecta, subsecunda, utrinquè attenuata, manifestè dentata, falcata. Flores in apice caulis ramorumque axillares, solitarii vel bini, breviter pedicellati, subspicati aut, si libuerit, aggregatione ramorum subpaniculati; folia floralia (si mavis bracteæ) rameis similia. Bracteolæ 2, è basi calycis enatæ, lineares, acutæ, puberulæ. Calyx 5-partitus, puberulus; laciniis oblongo-linearibus, acuminatis, inæqualibus. Corolla circiter $4\frac{1}{2}$ l. longa, tubulata, 2-labiata, puberula, cœrulea, striis obscurioribus notata duabusque lineis albis in labio inferiore cum lobis lateralibus alternantibus : tubus subrecurvus : labium superius obtusissimum, emarginatum : inferius tripartitum ; divisuris cuneatis, obtusissimis, integerrimis seu emarginatis; intermediâ pilosâ. Stamina 4, didynama, supra medium tubum inserta, inclusa : antheræ didymæ, a lateribus dehiscentes; lobis distinctissimis, distantibus, subrotundis; connectivo lunulato. Stylus glaber, persistens, apice cupulæformis ; cupulâ intùs stigmaticâ, mox clausâ. Ovarium oblongum, glabrum, 2-loculare, polyspermum : ovula in quovis loculamento placentæ affixa proeminenti. Capsula ovata, compressiuscula, 2-sulcata, glabra, 2-valvis, polysperma ; valvulis dissepimentis parallelis, 2-partitis ; placentis dehiscentiâ septicidâ à marginibus angustis dissepimenti solutis, tùmque massulam oblongam in centro capsulæ efformantibus. Semina minutissima, oblongo-cylindrica, angulata, subpunctata, rufa. Integumentum submembranaceum. Perispermum carnosum. Embryo rectus, in semine axilis : radicula obtusa : cotyledones radiculâ brevior.

Crescit in pascuis humidis vel paludosis propè præcipitem aquæ lapsum fluminis *Uruguay* dictum *Salto grande* rivulumque *Garapuitâ*, in provinciâ *Rio grande do Sul*, haud longè à finibus provinciæ Missionum. Floret Januario.

2. Stemodia gratiolæfolia. †

S. foliis oppositis, sessilibus, linearibus, acutis, obsoletissimè dentatis, glabris; floribus paniculatis, subsessilibus, in axillis bractearum subsolitariis; calyce glabriusculo.

Caulis herbaceus, 6-14 pollicaris, erectus, apice ramosus, basi stolonifer, 4-gonus, glaber : rami breves, 4-goni : stolonæ graciles, reptantes, 3-7 pollicares, punctis exterioribus glandulosis conspersi lutescentibus. Folia caulina opposita, sessilia, circiter 18 l. longa, 2 l. lata, linearia, acuta, obsoletissimè dentata (*Veronicæ scutellatæ*), punctis glandulosis conspersa, glabra; stolonum erecta, secunda, circiter 6 l. longa, 1 ½ lata, lineari-oblonga, falcata, subintegerrima, glabra. Panicula terminalis, subcoarctata (si mavis, racemi in apice caulis axillares, simplices) : paniculæ rami oppositi, erectiusculi, distantes, simplices, bi vel trifidi, 4-goni, graciles, glabri, enati ex axillis bractearum 2, oppositarum, caulinarium, foliis conformium, infrà flores insuper onusti bracteis quibusdam oppositis, foliis consimilibus sed multò minoribus (folia ramea). Flores in paniculæ ramis spicati, remotiusculi, oppositi, sessiles vel subsessiles, basi bracteis 3 stipati linearibus, angustis, acutissimis, glabriusculis; unâ intermediâ majore caulinari; lateralibus 2 e basi calycis enatis. Calyx 5-partitus, glabriusculus; laciniis angustissimis, lineari-subulatis, inæqualibus, subdistantibus. Corolla circiter 4 l. longa, tubulata, 2-labiata, vix puberula, dilutè cœrulea: tubus subrecurvus; labium superius obtusissimum, emarginatum, seu vix emarginatum; inferius 3-partitum; divisuris lineari-cuneatis, obtusissimis, integerrimis seu vix emarginatis; intermediâ pilosâ. Stamina 4, didynama, inclusa, valdè inæqualia, supra medium tubum inserta : antheræ in tribus staminibus didymæ, lobis inæqualibus, distantibus, rotundis, connectivo, subgloboso; in uno stamine anthera minor, lobis lineari-oblongis, distinctis, connectivo oblongo angusto; omnes 2-loculares, anticæ, lateraliter dehiscentes. Stylus persistens, incurvus, glaber, apice cupulæformis; cupulâ intùs stigmaticâ, mox clausâ. Ovarium oblongum, glabrum, 2-loculare, polyspermum, gynophoro brevi insidens paulò latiore : ovula numerosa, in utroque loculamento placentæ proeminenti affixa. Capsula vestita calyce persistente, circiter 1 ½ l. longa, oblonga, 2-sulca, glabra, 2-valvis, polysperma; valvulis dissepimento parallelis,

2-partitis; placentis dehiscentiâ septicidâ a marginibus angustis dissepimenti solutis, tùmque massulam oblongam liberam in centro capsulæ efformantibus. Haud vidi semina.

Inveni ad margines sylvularum quæ rivum *Toropasso* cingunt in provinciâ *Rio grande do Sul*, haud longè à provinciâ Missionum. Florebat Januario.

Obs. Il sera nécessaire de revoir les diverses plantes que l'on a fait entrer dans le genre *Stemodia*, et qui toutes ne s'y rapportent probablement point. Quant aux deux espèces que je viens de décrire, elles sont certainement congénères du *S. maritima* L., type du genre, et si Linné (Gen. ed. Schreb. 420) a dit que dans les *Stemodia* en général, la cloison étoit contraire aux valves, c'est certainement une erreur, car on les trouve parallèles dans ce même *S. maritima*, comme l'avoit sans doute reconnu Jussieu, puisqu'il range le *Stemodia* parmi ses *Scrophulaires* (Gen. 118). A la vérité Gærtner (Sem. 1, t. 32, f. 5) a dessiné le *S. ruderalis* comme ayant la cloison portée sur le milieu des valves. Est-ce une inadvertance, ou le *Stemodia ruderalis* doit-il être exclu du genre, quoique d'ailleurs il paroisse en avoir les caractères ?

FABIANA. Ruiz et Pav. (Caract. ref.)

Calyx 5-fidus, aut rarò 5-dentatus, subinæqualis. Corolla infundibuliformis, breviter 5-loba, plicata; tubo infernè tenui, cylindrico, deindè gradatìm dilatato. Stamina 5, basi tubi inserta, cùm lobis alternantia, inclusa; filamenta complanata, apice incurva: antheræ reniformes, inter lobos affixæ, mobiles, 2-loculares, anticæ, à latere dehiscentes. Stylus complanatus, inclusus, apice curvatus. Stigma obliquum. Nectarium nullum. Ovarium superum, 2-loculare, polyspermum: ovula numerosa, in utroque loculamento placentæ affixa è dissepimento enatæ. Capsula 2-locularis, 2-valvis; valvulis dissepimento parallelis; placentis dehiscentiâ septicidâ, demùm liberis massulamque unicam in medio capsulæ tunc efformantibus. Semina minuta, subcylindrica, punctata. Umbilicus ad mediam seminis faciem. Integumentum duplex; exteriùs crustaceum; interiùs membranaceum. Perispermum carnosum. Embryo dorsalis, curvatus, umbilico parallelus.

Suffrutices viscosi aut rarò resinosi. Folia alterna, sæpiùs sparsa, rarissimè imbricata. Flores extràaxillares aut subaxillares.

3. Fabiana thymifolia. † Tab. XX.

F. foliis parvis, linearibus, enerviis; pedunculis fructiferis retrofractis.

Suffrutex 6-9 pollicaris, erectus aut rarò decumbens, a basi vel tantummodò apice valdè ramosus, omni parte hirtello-pubescens et viscosus; pilis brevissimis, apice glandulosis : rami erectiusculi, graciles. Folia sparsa, sessilia, parva, linearia, obtusiuscula, versus basin vix attenuata, crassiuscula, enervia. Flores subaxillares; pedunculati, solitarii. Pedunculus folio longior, primò suberectus, florifer refractus. Calyx campanulatus usquè ad medium 5-fidus; dimidiam partem corollæ tubi ferè adæquans; laciniis linearibus, acutiusculis, subdistantibus. Corolla subinæqualis, infernè lutea, superiùs sordidè purpurascens, striis obscurè purpureis notata, infundibuliformis, breviter 5-loba; tubo usquè ad mediam partem cylindrico, deindè gradatìm dilatato; lobis acuminatis. Stamina 5, imo corollæ tubo inserta, eodemque basi adhærentia, cum lobis alternantia, inclusa, inæqualia, glabra : filamenta subcomplanata, apice incurva, lutescentia : antheræ subreniformes, inter lobos affixæ, mobiles, 2-loculares, anticæ, à latere dehiscentes. Stylus complanatus, apice incurvus, glaber, lutescens. Stigma orbiculare, obliquum. Nectarium nullum. Ovarium oblongum, glabrum, 2-loculare, polyspermum : ovula numerosa in quovis loculamento placentæ proeminenti, è dissepimento enatæ affixa totamque ferè ejusdem superficiem obtegentia. Capsula calyce persistente vestita, oblongo-ovata, acutiuscula, glabra, 2-locularis, 2-valvis; valvis apice breviter 2-fidis, dissepimento parallelis; placentis ab angustis dissepimenti marginibus dehiscentià septicidà solutis, in medio capsulæ liberis, massulamque compactam, oblongam unicam efformantibus. Semina minuta, cylindrico-globosa, utrinquè obtusa, ir-

Tab. XX.

FABIANA thymifolia.

Tab. XXI.

A. *NIERENBERGIA graveolens.* B. *PSYCHOTRIA noxia.*

regulariter favoso-scrobiculata, glabra, nigrescentia. Umbilicus suborbicularis, levis, ad mediam seminis faciem, medioque ejusdem axi respondens. Integumentum duplex, exterius crustaceum; interius membranaceum. Perispermum carnosum. Embryo in perispermo dorsalis, compressus, arcuatus, utrinquè obtusus, umbilico parallelus: cotyledones suborbiculares, radiculâ breviores.

Inveni in pascuis propè prædium dictum *Rincaô de Sanaloês*, in provinciâ *Rio grande do Sul*. Florebat Januario.

NUREMBERGIA. Ruiz et Pav. (Caract. ref.)

Calyx tubulosus vel sæpiùs campanulatus, persistens, arcuatus, 5-fidus, subinæqualis. Corolla infundibuliformis; tubo tenui, sæpè longissimo; limbo cupulæformi, magno, 5-lobo, subirregulari. Stamina 5, summo tubo inserta, cum lobis alternantia, erecta, conniventia, rarissimè basi coalita, inæqualia: filamenta apice incurva: antheræ sæpiùs reniformes, inter lobos insertæ, mobiles, anticæ, 2-loculares, à lateribus dehiscentes. Nectarium nullum. Stylus apice curvato infundibuliformis. Stigma ad parietem partis styli concavæ. Ovarium superum, 2-loculare, polyspermum: ovula numerosa, placentis duabus affixa è dissepimento hinc et indè enatis. Capsula 2-valvis; valvulis dissepimento parallelis, 2-partitis; dehiscentiâ septicidâ placentis liberis massulamque unicam in medio capsulæ efformantibus. Semina parva, angulata, dorso convexa. Perispermium carnosum. Embryo in seminis dorso locatus eodemque curvaturâ conformis, umbilico parallelus.

Herbæ vel suffrutices. Folia alterna, sæpiùs sparsa. Flores extràaxillares aut oppositifolii, solitarii.

4. Nurembergia graveolens. † Tab. XXI, A.

N. hirtello-pubescens, viscosa; caule suffrutescente; foliis sessilibus, angustis, oblongo-lanceolatis, acutis, infernè attenuatis.

Suffrutex digitalis-pedalis, ramosus, hirtello-pubescens, pilis glandulosis viscosus; odore gravi. FOLIA sparsa, conferta, 6-9 l. longa, 1-2 l. lata, angusta, oblongo-lanceolata, acuta, à tertiâ parte superiore usquè ad basin attenuata; juniora supremaque lanceolato-linearia vel linearia, sæpè minora. FLORES in apice caulis ramulorumque extràaxillares, sessiles, subspicati, secundi, bracteis intermixti quandoquè geminis foliis superioribus consimilibus. CALYX turbinato-campanulatus, 5-fidus, 10-striatus, arcuatus, subinæqualis; laciniis semi-lanceolatis, acutis. COROLLA infundibuliformis, circiter 10 l. longa; tubo tenui, cylindrico, calyce dimidiò longiore; limbo magno, cupulæformi, 5-lobo, subirregulari, puberulo, albo, in fundo luteo, in quovis lobo striis 3 pallidè purpureis notato; lobis obtusissimis. STAMINA 5, summo tubo inserta, erecta, conniventia, cùm lobis alternantia limboque dimidiò breviora : filamenta breviuscula, apice curvata, inæqualia, glabra : antheræ subreniformes, inter lobos insertæ, mobiles, 2-loculares, anticæ, à lateribus dehiscentes. STYLUS filiformis, glaber, staminibus paulò longior, apice curvatus et infundibuliformis, in parte concavâ stigmaticus. OVARIUM liberum, ovatum, glabrum, 2-loculare, polyspermum : ovula numerosa, placentis 2 affixa proeminentibus. CAPSULA vestita calyce persistente eodemque brevior, oblongo-ovata, acuta, glabra, 2-valvis; valvis dissepimento parallelis, 2-partitis; placentis dehiscentiâ septicidâ ab angustis marginibus dissepimenti solutis, in medio capsulæ liberis massulamque unicam oblongam efformantibus; SEMEN parvum, nigrum, 3-quetrum; dorso convexo; utroque latere foveoleâ arcuatâ profundè excavato. INTEGUMENTUM membranaceum. UMBILICUS in medio anguli interioris. PERISPERMUM carnosum. EMBRYO subcylindricus, compressiusculus, in perispermo locatus ejusdemque ferè longitudine, seminis dorso curvaturâ conformis, umbilico parallelus : cotyledones lineares, acutiusculæ : radicula acutiuscula.

Frequens in pascuis ad ripas fluminis *Uruguay*, in provinciis dictis *Rio grande* et *Missoes*. Floret Januario, Februario.

5. Nicotiana acutiflora. †

N. foliis radicalibus oblongis, in petiolum attenuatis, vix scabro-puberulis; inferioribus lineari-oblongis, amplexicaulibus; superioribus linearibus, basi auriculatis; corollæ tubo longissimo; divisuris acutis.

Caulis herbaceus, 12-15-pollicaris, erectus, durus, teres, subscaber, parùm ramosus. Folia radicalia, circiter 4-5 pol. longa, circiter 8 l. lata, oblonga, in petiolum attenuata, vix sinuata, vix scabro-puberula; inferiora circiter 2 ½ pol. longa, 4 l. lata, lineari-oblonga, acutiuscula, infernè angustata, subsemiamplexicaulia, subsinuata, vix scabro-puberula; superiora distantia, linearia, angusta, obtusiuscula, basi auriculata, marginibus præcipuè subaspera. Flores in axillis foliorum supremorum solitarii, pauci, pedunculati, pedunculo curvato subhorizontales: pedunculus circiter 6 l. longus, pubescens. Calyx campanulatus, 9-10 l. longus, 5 aut quandoquè 6-fidus, 5-6-striatus, pubescens; divisuris linearibus, angustis, inæqualibus. Corolla 4-pollicaris, infundibuliformis, puberula, albido-rufescens; tubo longissimo cylindrico; limbo angustè campanulato, 5-fido, 5-plicato; laciniis angustis, sublinearibus, acutis, inæqualibus. Stamina 5, limbo inserta, brevia, inclusa, glabra, inæqualia; unum multò inferius: filamenta subcomplanata: antheræ majusculæ, suborbiculares, complanatæ, basi bifidæ, dorso affixæ, mobiles, anticæ, lateraliter in longitudinem dehiscentes. Stylus filiformis, longissimus, vix exsertus. Stigma 2-lobum. Nectarium annulare, basi ovarii adnatum. Ovarium ovatum, glabrum, 2-loculare, polyspermum. Non vidi fructum.

In pascuis provinciæ Cisplatinæ et provinciæ *Rio grande do Sul* non infrequens.

Obs. Cette plante évidemment intermédiaire, comme beaucoup d'autres, entre les *Nicotianes* de Linné et les *Petunia* de Jussieu, achève de démontrer que M. Lehman ne pouvoit mieux faire de réunir ces deux genres.

6. SOLANUM GUARANITICUM.

S. caule fruticoso, basi aculeato; aculeis rectis; ramulis pubescentibus; foliis solitariis, ovatis acuminatis, basi inæqualibus, subtùs repandis, pubescentibus, suprà subglabratis; cymis extràaxillaribus, paucifloris.

FRUTEX circiter 4-pedalis, ramosus, basi aculeatus; aculeis crebris rectissimis, circiter 2 l. longis, acerosis, reflexis: ramuli pubescentes. FOLIA alterna, solitaria, petiolata, circiter 3 pol. longa, 2 pol. lata, ovata, acuminata, basi inæqualia, repanda, subtùs pubescentia, suprà subglabrata; nervo medio proeminente nervisque lateralibus parallelis distantibus; superiora folia minora, quandoquè oblonga, cæterùm conformia: petiolus circiter 6-8 l. longus, subtùs convexus, suprà canaliculatus, glaber, in foliis junioribus pubescens. CYMÆ extràaxillares, pedunculatæ, paucifloræ: pedunculus circiter 10-15 l. longus, pubescens: ramuli cymæ pubescentes: pedicelli curvati, pubescentes, circiter 6 l. longi. PILI omnes stellati. CALYX brevis, turbinato-campanulatus, patulus, breviter 5-fidus, pubescens; divisuris dentiformibus, distantibus, subinæqualibus. COROLLA rotata, 5-fida, externè puberula, alba. STAMINA 5, imo tubo inserta, cum divisuris corollæ alternantia, glabra: filamenta brevia, complanata: antheræ oblongo-lineares, 4-gonæ, apice 2-porosæ, basi affixæ, 2-loculares, anticæ. STYLUS glaber. STIGMA terminale, obtusum. OVARIUM subglobosum, glabrum, 2-loculare, polyspermum: ovula placentis 2 valdè proeminentibus affixa è dissepimento enatis. Fructum non vidi.

Inveni in pascuis petreis propè rivulum *Imbaha* in provinciâ *Rio grande do Sul*, haud longè à finibus provinciæ Missionum. Florebat Januario.

7. ECHITES PETREA.

Caule suffruticoso, erecto, apice dichotomo, molliter hirsuto; foliis linearibus, acutis, basi cordatâ obtusis, margine valdè ondulato revolutis, suprà parcè hirsutis, subtùs incano-tomentosis, inferioribus 3-4-nis, superioribus oppositis; tubo longissimo; lobis crispis.

Caulis suffruticosus, erectus, 6-15-pollicaris, apice dichotomus, teres, sordidè purpurascens, molliter hirsutus. Folia inferiora terna quandoquè 4-terna; superiora opposita, confertissima, imbricata; omnia brevissimè petiolata, circiter 16-8 l. longa, gradatìm angustiora, 5-1 l. lata, linearia, rarissimè lineari-lanceolata, acuta, basi cordatà obtusa, margine valdè undulato revoluta, rugosa vel subrugosa, suprà parcè hirsuta, subtùs incano-tomentosa; nervo medio subtùs proeminente, hirsuto et rubescente : petiolus circiter $\frac{3}{4}$-$\frac{1}{2}$ l. longus, hirsutissimus. Pedunculi in dichotomiis alares rariùsve ex axillis foliorum enascentes, solitarii, uniflori, 2 $\frac{1}{2}$-6-pollicares. Calyx circiter 9 l. longus, 5-partitus, tomentoso-pilosus, canescens, vix inæqualis, basi 3-4-bracteatus, persistens; laciniis lanceolato-linearibus, angustis, acutiusculis : bracteæ tertiam calycis partem æquantes, lanceolato-lineares, angustæ, acutiusculæ, tomentoso-pilosæ, canescentes. Corolla 3 $\frac{1}{2}$-4 $\frac{1}{2}$-pollicaris, infundibuliformis, longè tubulosa, 5-loba, extùs apice præcipuè tomentosa, exsquammata; tubo cylindrico, gracili, apice gradatìm dilatato, intùs infra stamina villoso, sordidè purpureo; lobis obtusissimis, inæquilateris, margine crispo-undulatis, albis. Stamina 5, inserta basi partis tubi dilatatæ : filamenta brevissima, latiuscula, complanata, figuram S subreferentia, intùs barbata : antheræ circiter 5-6 l. longæ, lineares, acutiusculæ, cum stigmate infra medium coalitæ et vacuæ, supra medium polliniferæ; loculamento uno abortivo. Stylus longissimus, filiformis, glaber. Stigma terminale, stylo multotiès latius, crassum, conicum, profundè 5-sulcatum, apice tereti 2-dentatum, ad styli insertionem concavum. Folliculi 2, circiter 6-7-pollicares, graciles, torulosi, arcuati, acutiusculi, pubescentes. Semina matura non observavi.

Crescit in saxosis haud longè à littoribus fluminum vulgò *Rio de la Plata* et *Uruguay*, præcipuè propè rivulos *Arroio del Rosario* et

Arroio de Chapicuy (provinciâ Cisplatinâ), propèque pagum Sancti Joannis (provinciâ Missionum).

Floret Decembre-Aprili.

Obs. Cette plante forme avec l'*Echites longiflora* Desf. et mes *E. virescens*, *Guaranitica*, *Vellame*, *pinifolia*, un groupe composé de sous-arbrisseaux, et parfaitement caractérisé dans le genre *Echites* par *des tiges qui dépassent à peine un pied, et ne sont point grimpantes;* par *des feuilles ordinairement fort rapprochées, qui sont en dessous toujours blanches, laineuses ou tomenteuses;* par *de longs pédoncules;* enfin par *des fleurs plus ou moins tomenteuses ou laineuses en dehors, qui ne sont presque jamais qu'au nombre d'une ou deux, et dont le tube est extrêmement long et le limbe ondulé.* Quoique ces caractères soient fort remarquables, je n'ai pas cru devoir séparer mes plantes des véritables *Echites* (ceux à corolle infondibuliforme), parce que je ne trouve réellement aucune différence un peu importante dans les parties de la fructification. Le groupe que je viens de signaler appartient exclusivement aux pays découverts de l'intérieur du Brésil et des Missions. Les espèces qui le forment doivent être caractérisées de la manière suivante. Je les rangerai d'après leurs affinités.

1°. Echites Velame †. N. V. Velame. *Caule suffruticoso, erecto, simplicissimo, lanato; foliis ovato-oblongis, cuspidatis, utrinquè lanatis, incanis; tubo corollæ longo, lobis crispis.* — Frequens in campis montosis provinciæ *Minas Geraes.* Floret Decembre-Februario.

2°. E. virescens †. *Caule suffruticoso erecto, hirsuto; foliis oblongis, acutis, basi obtusis, margine vix revolutis, suprà pubescentibus, subtùs incano-tomentosis; tubo corollæ longissimo; lobis crispis.* — Crescit in campis herbosis propè prædium dictum *Fortaleza*, ad fines Barbarorum (parte provinciæ S. Pauli vulgò *Campos Geraes*). Floret Februario.

3°. E. Guaranitica †. *Caule suffruticoso, erecto, tomentoso, lanato; foliis cordato-ovatis, cuspidatis, marginibus vix revolutis, suprà pilosiusculis, subtùs incano-tomentosis; tubo corollæ longissimo; lobis crispis.* — Crescit in campis herbosis propè vicum S. Francisci Borjensis in provinciâ Missionum. Floret Februario.

4°. E. longiflora. Desf., Mem. Mus. vol. v, p. 274. *Caule suffruticoso, erecto, lanato*(1); *foliis cordato-lanceolatis, margine undulato revolutis, suprà glabriusculis vel lanato-pilosis, subtùs incano-lanatis; tubo corollæ longissimo; lobis crispis.* — Inveni in campis partis occidentalis provinciæ *Minas Geraes*, et propè urbem *Itapeva* (provinciâ S. Pauli). Floret Septembre - Januario. — Valdè affinis præcedenti, sed distincta.

5°. E. petrea (suprà descripta).

6°. E. pinifolia. *Caulibus suffruticosis, erectis, vix spithameis, hispidis; foliis quaternis, linearibus, angustis, margine revolutis, suprà hispidis, subtùs incano-tomentosis; tubo corollæ longissimo; lobis crispis. Odor gratissimus.* — Inveni in campis herbosis propè fontes aquarum calentium vulgò *Caldas*, in parte australi provinciæ *Goyaz* propèque præsidium dictum *Guarda da Posse*, ad fines occidentales provinciarum S. Pauli et *Minas Geraes*. Floret Augusto-Septembre.

8. Asclepias mellodora. †

A. caule herbaceo, subsimplici, pubescente; foliis oppositis, brevissimè petiolatis, longis, linearibus, acutis, suprà glabriusculis, subtùs nervo medio lateralibusque venis et marginibus præcipuè puberulis; petiolis, pedunculis calycibusque pubescentibus; umbellis interpetiolaribus.

Caulis herbaceus, simplex aut subramosus, teres, pubescens. Folia opposita, brevissimè petiolata, 15 l.-5 pol. longa, 4-5 l. lata, linearia, acuta, sæpiùs gradatìm longiora angustioraque, integerrima, marginibus suprà glabriuscula, subtùs nervo medio lateralibusque venis et marginibus præcipuè puberula: petiolus circiter

(1) M. Desfontaines, qui décrivoit cette plante d'après des échantillons secs, a cru par analogie qu'elle avoit des tiges grimpantes; mais comme je l'ai moi-même recueillie dans son pays natal, je puis répondre qu'elle s'élève à peine à douze ou quinze pouces, et que ses tiges sont droites.

2 l. longus, puberulus, subtùs carinatus, suprà canaliculatus, hinc et indè basi glandulosus. Umbellæ pedunculatæ, interpetiolares, solitariæ, circiter 6-12-floræ, bracteis paucis, sublinearibus, acutis, pubescentibus, basi stipatæ: pedunculus 1-2 pol. longus, raro brevior, pubescens: pedicelli circiter 5-6 l. longi, pubescentes. Calyx 5-partitus, pubescens; laciniis oblongo-lanceolatis, reflexis. Corolla exterior rotata, profundè 5-partita, vix puberula, virescens. Corolla interior basi exterioris inserta, tubulata, profundè 5-fida, glabra, lutescens; tubo circiter 1 l. longo, 5-gono; divisuris cum laciniis corollæ exterioris alternantibus, erectis, subcuculatis, è medio processum corniformem acutissimum falcatum exserentibus, apice 3-lobis; lobo intermedio crassiusculo, obtusissimo, retuso; lateralibus acutiusculis, intermedio brevioribus. Antheræ summo tubo corollæ interioris insertæ, cum ejusdem laciniis alternantes, sessiles, erectæ, infra medium marginibus coalitæ, latiusculæ, lyræformes, basi breviter biauriculatæ, apice in appendicem membranaceam inflexam productæ, 2-loculares, anticæ, longitrorsùm dehiscentes, basi stigmatis infernè adnatæ: pollen in quovis loculamento concretum in massulam oblongam, basi obtusam, apice acutam, compressam, subfalcatam, subpunctatam, nitidam, luteam. Styli 2, glabri, circiter 3-4 l. longi. Stigma utroque stylo commune, crassum, prismatico-5-gonum, apice truncatum, ex foveolis 5 angularibus cum antheris alternantibus emittens corpuscula totidem minuta, erecta, basi 2-fida, deinde ovata, subcomplanata, medio sulcata, nigrescentia, in processum hinc et indè lateraliter expansa horizontali-descendentem, filiformem, figuram S subreferentem, colore succini; utrâque massulâ pollinis viciniore (ex vicinioribus loculamentis antheræ utriusque proximæ) extremitati cujusvis processûs agglutinatâ pendulâque. Ovaria, 2 semi-ovata, dorso convexa, facie plana, glabra, 1-locularia, polysperma: ovula placentæ proeminenti affixa ex ovarii facie enatæ. Folliculi juniores ovati, longè acuminati, pubescentes; maturos non vidi.

In campis non infrequens provinciarum *Rio grande do Sul* et Missionum, ad littora fluminis *Uruguay*. Floret Januario.

V. β, *minor;* caulibus digitalibus, bifariàm puberulis; foliis angustioribus, semper canaliculatis; corollâ interiore carneâ.

Crescit in campis herbosis propè pagulum *Casa branca* (provinciâ S. Pauli). Floret Novembre.

9. Rubia noxia. †

R. caulibus diffusis, infernè subretrorsùm pilosis, apice hirsutis; foliis quaternis, sessilibus, ellipticis, obtusis, brevissimè cuspidatis, 3-nerviis, punctato-pellucidis, suprà undiquè subtùs in nervis scabro-pilosis; flore involucrato; baccâ levi, glabrâ; pedunculis axillaribus, solitariis, 1-floris.

Caules 1-2 pedales, decumbentes, diffusi, ramosi, 4-angulati, in angulis infernè retrorsùm vel subretrorsùm scabro-pilosi, apice subretrorsùm hirsuti : rami graciles, 4-gulares, hirsuti. Folia 4-terna, sessilia, elliptica, obtusa, brevissimè cuspidata, integerrima, marginibus vix revoluta, 3-nervia, punctato-pellucida, suprà scabro-pilosa; suprema elliptico-ovata, acutiuscula; inferiora circiter 6 l. longa, 3 l. lata, cætera sæpiùs gradatìm minora, ramea multotiès minora. Pedunculi axillares, solitarii, filiformes, pilosi, 1-4 l. longi, folio longiores vel breviores, 1-flori. Flos minutus, involucratus. Involucrum 4-phyllum; foliolis parvis, ovatis, acutiusculis, punctato-pellucidis, pilosis. Calyx adhærens, globoso-turbinatus, integerrimus. Corolla rotata, 4-fida, extrinsecùs vix pilosa, virescens. Stamina 4, corollæ inserta, cum ejusdem divisuris alternantia, brevissima, glabra : antheræ subglobosæ, dorso affixæ, mobiles, anticæ, 2-loculares, longitrorsùm dehiscentes. Nectarium hypogynum, annulare, ad ambitum styli. Stylus tertiâ parte 2-fidus, glaber; laciniis recurvatis. Stigmata capitata. Ovarium 2-loculare; loculis 1-spermis : ovula hemisphærica, dorso convexa, facie concava, placentæ affixa proeminenti subglobosæ, è medio dissepimento enatæ, partemque ovuli concavam farcienti. Bacca minima, didyma, globoso-cordata, carnosa, succulenta, levis, glabra, alba, 2-sperma. Semina pericarpio adhærentia, dorso convexa, facie concava : umbilicus ad faciem mediam seminis concavam. Perispermum corneum. Embryo dorsalis, curvaturâ semini confirmis, umbilico parallelus : cotyledones planæ, orbiculares : radicula (si ad fructum spectes) infera.

Crescit in sylvis primævis provinciæ *Minas Geraes*. Floret Februario-Martio.

N. B. Un Mémoire particulier qui doit entrer dans ce Recueil, fera connoître l'organisation singulière de l'ovaire et du fruit des *Rubiacées à feuilles verticellées*, organisation dont les traits principaux se trouvent déjà ébauchés dans la description du *Rubia noxia*.

PALICOUREA. Aub. Kunth.

Stephanium Schreb. Galvania Vell. Vand.

Calyx adhærens, 5-dentatus. Corolla tubulosa, subcylindrica, basi gibba, breviter 5-fida, intùs infra medium barbata. Stamina 5, inclusa vel exserta : antheræ lineares, angustæ, dorso affixæ, mobiles, 2-loculares, longitrorsùm dehiscentes. Nectarium epigynum, styli basin ambiens nec eodem adhærens. Stylus bifidus; divisuris interiore paginâ stigmaticis. Ovarium 2-loculare; loculis 1-spermis : ovula basi dissepimenti affixa, ascendentia. Drupa dipyrena, calyce persistente coronata. Pyrenæ dorso convexo 5-costatæ, facie planâ canaliculatæ. Semina pyrenis subconformia. Integumentum tenue, membranaceum. Umbilicus in faciei cavitate. Perispermum magnum, carnoso-corneum. Embryo parvus in basi perispermi, parti seminis in quâ reconditur curvaturâ conformis et umbilico parallelus : radicula infera.

Arbores vel frutices. Folia opposita aut rarissimè quaterna seu sena, integerrima. Stipulæ interpetiolares. Flores paniculati aut

Tab. XXII.

A. *PALICOUREA Marcgravii.* B. *PALICOUREA longifolia.*

variis corymbosi seu compositi, racemosi vel cymosi, sæpè lutei, quandoquè bicolores.

Observations. 1°. La forme de la corolle, fort différente de celle des *Psychotria*, autorise suffisamment à suivre l'exemple de M. Kunth et à admettre le genre *Palicourea* d'Aublet.

2°. Comme je m'en suis assuré par l'examen des espèces de Vellozo, le genre *Galvania* de cet auteur et de Vandelli ne diffère nullement du genre *Palicourea*. Il est vrai que Vandelli (in Rœm. script. tab. VI, fig. 7) a figuré le *Palicourea* comme ayant des étamines incluses, et Kunth dit, dans la description générale des *Palicourea*, que ce genre a des étamines sortantes (Nov. gen. III, p. 365); mais on voit, par la figure d'Aublet, que son espèce (Guy. I, p. 173, t. 66), qui est le type du genre, a les étamines incluses; et Kunth lui-même dans sa description particulière, indique une partie de ses *Palicourea* comme ayant des étamines sortantes et l'autre partie comme ayant des étamines incluses.

10. Palicourea Marcgravii. † Tab. XXII, A.

P. foliis oblongis, acuminatis, acutis; cymis pedunculatis; corollis papilloso-tomentosis.

Galvania sp. 2da (Erva do rato) *Vell. Mss.* — Erva do rato *Marcg. Bras.* 60, *fig.* 2 (1). — *N. Vulg.* Erva do rato.

Frutex 5-6-pedalis; ramulis oppositis, subtetragonis, glabris. Folia opposita, breviter petiolata, circiter 4-7 pol. longa, 1-2 pol. lata, oblonga, acuminata, acuta, basi obtusiuscula, integerrima, glabra; nervo medio proeminente nervisque lateralibus circiter 22, parallelis, arcuatis: petiolus circiter 2-3 l. longus, subtùs con-

(1) Vandelli avoit tracé d'après Vellozo les caractères du genre *Galvania*; mais n'avoit indiqué aucune espèce. Cependant sur la simple indication générique, Rœmer a cru devoir indiquer un *G. Vellozii* sans aucune phrase caractéristique. Mais on trouve 4 *Galvania* dans les manuscrits de Vellozo. Lequel auroit dû prendre le nom de *G. Vellozii*, si le genre *Galvania* eût été conservé? Cette difficulté suffiroit pour faire voir combien les compilateurs ont tort de donner des noms spécifiques à des plantes qu'ils ne connoissent point, et dont les auteurs n'ont tracé que les caractères génériques.

vexus, suprà canaliculatus, glaber aut in junioribus foliis puberulus. Stipulæ interpetiolares, trifidæ. Cymæ terminales, pedunculatæ, solitariæ aut rarissimè ternæ, quandoquè basi 2-bracteolatæ : pedunculus circiter 1-2 pol. longus, complanato-triqueter, puberulus : ramuli alterni aut subalterni, variè divisi, complanati, puberuli, croceo-coccinei. Flores solitarii, pedicellati; pedicellis 1-floris, complanatis, puberulis. Calyx adhærens, turbinatus, brevis, 5-dentatus, puberulus. Corolla circiter 5-7 l. longa, tubulosa, subcylindrica, subincurva, basi gibbosa, apice vix dilatata, brevissimè 5-fida, papilloso-tomentosa, infernè luteo-crocea, superiùs purpurea, intùs paulò suprà basin pilis albis densè barbata; divisuris subcuculatis. Stamina 5, paulò supra medium tubum inserta, subinæqualia, glabra, inclusa : filamenta complanata, brevia, glabra; antheræ longiusculæ, lineares, angustæ, basi 2-fidæ, infra medium dorsum insertæ, mobiles, anticæ, 2-loculares, longitrorsùm dehiscentes. Nectarium epigynum, hemisphæricum, crassum, subbilobum, styli basin ambiens nec eodem adhærens. Stylus inclusus, glaber, breviter 2-fidus; divisuris, acutis, interiore paginà stigmaticis. Ovarium 2-loculare; loculis 1-spermis : ovula ascendentia, basi dissepimenti inserta, absquè placenta peculiari. Drupa dipyrena; pyrenis costatis (ex Vell.).

V. β, *pubescens;* foliis subtùs pubescentibus aut puberulis.

Frequens in provinciis *Minas Geraes* et *Pernambuco* (Marcg.), ad margines sylvarum primævarum et in sylvis cæduis. Floret Decembre-Martio.

11. Palicourea longifolia. † Tab. XXII, B.

P. foliis quaternis, lanceolato-oblongis, acuminatis; paniculis pedunculatis, puberulis; corollis glabris.

Frutex 5-6-pedalis, à basi ramosus; ramulis 4-gonis, glabris. Folia quaterna, brevissimè petiolata, 5-7 pol. longa, 18 l. lata, lanceolato-oblonga, acuminata, integerrima, glaberrima; nervo medio subtùs proeminente et lutescente nervisque lateralibus parallelis arcuatis : petiolus circiter 2 l. longus, subtùs convexus, suprà canaliculatus. Stipulæ interpetiolares, bifidæ, glabræ. Paniculæ terminales, pedunculatæ, solitariæ vel binæ, circiter 2 pol. longæ, subrotundæ : pedunculus 3-5 pol. longus, triqueter, puberulus : rami complanati, angulati, puberuli, variè divisi : pedicelli breves, 1-flori, complanati, pubescentes, pedunculus ramique primùm coccinei, demùm sordidè rubri. Calyx adhærens, turbinatus, brevis, 5-dentatus, glaber; dentibus obtusis, cum glandulis totidem alternantibus. Corolla tubulosa, subcylindrica, basi subventricosa, subarcuata, breviter 5-fida, glabra, lutea. Stamina 5, paulò supra medium tubum inserta, inclusa, glabra : filamenta complanata, brevia, glabra : antheræ longæ, lineares, angustæ, basi bifidæ, biloculares, longitrorsùm dehiscentes. Nectarium epigynum, hemisphæricum, crassum, apice pilosum, stylum ambiens basique eodem adhærens. Stylus glaber, inclusus, breviter 2-fidus; divisuris interiore paginâ stigmaticis. Ovarium 2-loculare; loculis monospermis : ovula imò dissepimento affixa, ascendentia. Drupa orbiculari-ovata, compressa, levis, lucida, nigra, dentibus calycinis nectarioque persistentibus coronata, siccatione sulcata, dipyrena. Pyrenæ semi-ovatæ, facie planâ canaliculatæ, dorso convexæ et 5-costatæ. Semen pyrenæ dorso subconforme, facie sulco profundissimo curvatoque exaratum. Integumentum tenue, membranaceum. Umbilicus linearis, in faciei cavitate. Perispermum magnum, carnoso-corneum. Embryo parvus, teres, apice basique acutus, in basi perispermi locatus, partique seminis in quâ reconditur curvaturâ conformis umbilicoque parallelus : cotyledones lanceolatæ : radicula cotyledonibus 2-plò longior, infera.

Frequens in sylvis primævis Brasiliæ meridionalis. Floret Decembre-Februario.

Observations générales sur les Rubiacées. — Il existe dans les Rubiacées trois caractères importans, que l'on a négligés ou mal rendus et qui méritent d'être indiqués :

1°. Toutes les espèces ont un nectaire épigyne qui entoure la base du style, et presque toujours sans y adhérer.

2°. Dans les espèces à feuilles opposées dont l'ovaire a des loges 1-spermes, les ovules sont ascendans.

3°. L'embryon suit la courbure de la partie de la semence où il est renfermé : sa radicule est inférieure.

Les deux dernières lois admettent un très-petit nombre d'exceptions. (V. Plantes usuelles des Brasiliens, Nos. VI et VIII.)

12. Psychotria noxia. † Tab. XXI, B.

P. ramulis complanatis; foliis lanceolatis, acuminatis, acutissimis, brevissimè petiolatis, glabris; floribus sessilibus, fasciculatis.

Frutex; ramis complanatis, glabris; ramulis numerosis, brevibus, complanato-4-gonis, bifariàm puberulis, atro-purpureis. Folia opposita, numerosa, subapproximata, brevissimè petiolata, 15-24 l. longa, 6-9 l. lata, lanceolata, acuminata, acutissima, basi acuta, integerrima, margine callosiusculo infernè elevata, glaberrima, lætè viridia; nervo medio proeminente: petiolus 1-1 ½ l. longus, subtùs convexus, suprà canaliculatus. Stipulæ interpetiolares, breves, 2-partitæ. Flores circiter 2-4, terminales rariùsque axillares, fasciculati, sessiles, bracteis inæqualibus intermixti, 3-4 l. longi. Bracteæ ovatæ, longè acuminatæ, acutissimæ, tenuiter ciliatæ. Calyx adhærens, turbinatus, glaber; limbo tubo ferè triplò longiore, 5-fido, inæquali; laciniis semi-ovatis, longè angustèque acuminatis, tenuissimè ciliatis. Corolla infundibuliformis, 5-fida, glabra, alba, calyce ferè 4-plò longior; tubo curvato, apice gradatìm dilatato, intùs infrà stamina villoso; laciniis semi-ovatis, apice crassiusculis. Stamina 5, infrà dilatationem tubi inserta, cum laciniis corollæ alternantia, exserta, glabra : filamenta capillaria : antheræ lineares, angustæ, infrà medium dorsum affixæ, mobiles, anticæ, 2-loculares, longitrorsùm dehiscentes. Nectarium epigynum, 2-partitum. Stylus glaber, tertià parte 2-fidus; laciniis linearibus, subcomplanatis, intùs stigmaticis. Ovarium 2-loculare : loculis 1-spermis : ovula ascendentia basi dissepimenti affixa, absquè placentâ peculiari. Drupa 3 l. longa, elliptica, compressiuscula, 8-costata, lymbo calycis persistente coronata, glabra, 2-pyrena. Pyrenæ dorso convexo 5-costatæ : putamina crustacea.

Semen non mihi observare licuit.

Crescit in sylvis primævis provinciæ *Minas Geraes*. Floret Januario, Februario.

13. Serjania lethalis. †

S. foliis biternatis; foliolis lanceolato-ellipticis, utrinquè acuminatis, uno alterove dente notatis, glabris; petiolo nudo; racemis pubescentibus; pericarpio incano-villoso; gynophoro trialari, glabro; alis basi rotundatis.

Caulis scandens, altissimus, ramosus; ramis teretibus, vix striatis, glabris. Folia alterna, petiolata, subdistantia, biternata : foliola sessilia, circiter 1-3 pollicaria, lanceolato-elliptica, utrinquè acuminata, acuta vel obtusa, uno alterove dente grosso notata, glaberrima, suprà nitida; nervo medio proeminente : pedunculus communis 1-2 pollicaris, nudus, subtùs convexus striatusque, suprà canaliculatus, apice vix pubescens : petioli partiales communi conformes; intermedius 18-22 l. longus, lateralibus circiter duplò longior. Racemi axillares, pedunculati, variè curvati; pedunculus 2-5 pollicaris, petiolo longior, vix puberulus, apice 2-cirrhosus; cirrhis complanatis : rami racemorum 4-5 l. longi, pubescentes, apice bracteolis lanceolatis, scariosis, pubescentibus, obtecti, pauciflori aut sæpiùs 1-flori. Flores in eodem racemo polygami, pedicellati; pedicellis pubescentibus, 2-3 l. longis. Masc. Calyx 5-partitus, pubescens, inæqualis; divisuris 2 exterioribus oppositis, ellipticis, concavis; interioribus tribus, ex quibus una latior regularis, obovata, obtusissima, et 2 valdè approximatæ, irregulares, obovato-oblongæ, obtusissimæ, concavæ. Petala 4, secunda, obovata, unguiculata, obtusissima, basi intùs aucta squamulâ erectâ; intermedia 2 paulò majora : squamulæ petalorum intermediorum subovatæ, infrà apicem cordato-2-fidum cuculatæ, marginibus villosæ, cuculo in ligulam descendentem producto; petalorum lateralium lineari-oblongæ, subirregulares, obtusæ, cuculatæ, dorso costatæ, marginibus pilosæ, supra apicem cuculatum cuspidatæ. Glandulæ 4, hypogynæ, concavæ, semi-annulares, inter petala et stamina, ad basin petalorum iisdemque oppositæ, laterales 2 paulò minores. Stamina 8, basi coalita, gynophoro cum pistillis insidentia subexcentrali hìnc divisuræ interiori calycinæ regulari adnata : filamenta hirtella : antheræ breves, ellipticæ, glabræ, medio dorso insertæ, mobiles, anticæ, 2-loculares, longitrorsùm dehiscentes. Rudimentum pistilli in apice gynophori breve, 3-gonum. —Hermaph. Calyx, Petala, Stamina, Glandulæ masc. Gynophorum masc. gynophoro basi conforme, supra staminum insertionem deindè productum in columnam trialarem à basi ad apicem gradatìm dilatatam, glabram. Stylus 3-gonus, 3-fidus, pubescens, persistens; divisuris recurvis, intùs stigmaticis. Ovarium summo gynophoro insidens, eodem subcontinuum 2-plòque, brevius, 3-gonum, obtusum, incano-villosum, 3 loculare; loculis monospermis : ovula angulo centrali infernè affixa, ascendentia. Fructus (antè maturationem observatus) capsularis, pyriformis, ex pericarpio obtuso, incano-villoso gynophoroque trialari pericarpio 2-plò longiore, à basi usquè ad apicem gradatìm attenuato, glabro; alis basi rotundatis.

Frequens in parte occidentali provinciæ *Minas Geraes* dictâ *Certao do Rio de S. Francisco*. Floret Augusto-Septembre.

Obs. La plante que je viens de décrire fournit dans son fruit un exemple remarquable de l'inégalité des accroissemens; car, dans l'ovaire, c'est la partie supérieure du gynophore qui est la plus large, et, dans le fruit, c'est elle qui est la plus étroite.

14. Paullinia australis. † Tab. XXIV, B.

P. foliis suprà decompositis, apice trifoliolatis; foliolis grossè inci-

Tab. XXIII.

A. *MAGONIA pubescens.* B. *POLISTES Lechequana.*

so-serratis, glabris; petiolo nudo; paniculis subsimplicibus, paucifloris.

Caulis scandens, sæpè procumbens, gracilis, ramosus, sexangularis, inter angulos puberulus, in angulis rubellus. Folia alterna, petiolata, supradecomposita, imparipinnata, 2-4-juga, apice 3-foliolata, 2-3 pollicaria; jugum inferius bis seu simpliciter trifoliolatum; superiora trifoliolata, rarissimè simplicia, omnia petiolata; foliola petiolata seu basi sensìm attenuata, obtusa, apice mucronulata, inciso-grossèque serrata, basi cuneatâ integerrima, eleganter venoso-pellucida; lateralia 2 obovata, vel oblonga; intermedium 2-3-plò longiùs, oblongum, acuminatum : petiolus communis subtùs convexus, suprà canaliculatus, glaber, 6-12 l. longus : rachis petiolique partiales vix marginati, subpuberuli : foliolorum serraturæ gradatìm minores, mucronulatæ. Paniculæ laterales, longè pedunculatæ, $\frac{1}{2}$ pol.-2 pol. longæ, simplices aut compositæ, paucifloræ, basi 2-cirrhosæ; cirrhis complanatis : pedunculus circiter 2 $\frac{1}{2}$-3 pol. longus, gracilis, angulosus, glaber, sæpè in cirrhum convolutus : rami paniculæ puberuli, bracteolis lanceolatis, scariosis, puberulis obtecti, apice sæpè 1-flori : pedicelli breves, puberuli. Flores 1 $\frac{1}{2}$ l. longi, rosei, in eodem racemo polygami. Herm. Calyx 5-partitus, inæqualis, puberulus, persistens; divisuris ovatis, concavis; exterioribus 2 dimidiò brevioribus. Petala 4, secunda, obovata, unguiculata, laciniâ calycinâ majore paulò breviora, subcrenulata, subinæqualia, basi intùs aucta squamâ cuculiformi, erectâ, sublineari, marginibus lanatâ : lateralia 2 paulò minora paulòque minùs obtusa; squamâ subangustâ, irregulari, acutiusculâ : intermedia 2 squamâ latiusculâ, apice obliquè obtusâ. Glandulæ 4 hypogynæ, semi-annulares, ad basin interiorem petalorum. Stamina 8, gynophoro brevissimo cum pistillo inserta, subinæqualia, basi vix coalita : filamenta complanata, hirtella : antheræ breves, ellipticæ, infra medium dorsum affixæ, mobiles, anticæ, 2-loculares, longitrorsùm dehiscentes. Stylus brevis, 3-fidus, puberulus; divisuris recurvis, intùs stigmaticis. Ovarium ovatum, 3-gonum, striatum, pubescens, 3-loculare; loculamentis 1-spermis : ovula in angulo interno affixa, ascendentia. Masc. Calyx, Petala, Stamina, Glandulæ ut in herm. Ovarii rudimentum breve, glabrum, 3-gonum, in centro floris. Fructus (paulò post florescentiam observatus) pyriformis, obtusissimus, pubescens.

V. β. *alba;* floribus albis.

In sylvulis non infrequens ad margines fluminis *Uruguay*, à stativis S. Josephi usquè ad provinciam Missionum. Floret Januario.

MAGONIA. †

Flores polygami. Masc. Calyx 5-partitus, subobliquus, subinæqualis; laciniis lineari-ellipticis, reflexis. Petala 5, subperigyna, cum laciniis calycinis alternantia, iisdemque multotiès longiora, linearia, distantia, subinæqualia. Nectarium inter petala et stamina, valdè inæquale, hinc longius et duplex, indè brevius simplex et rugosum. Stamina 8, declinata, libera : filamenta acuta : antheræ ellipticæ, 2-fidæ, dorso affixæ, mobiles, anticæ, longitrorsùm dehiscentes. Rudimentum pistilli in centro floris. — Herm. Calyx, Petala, Nectarium ut in masc. Stamina 3-plò minora nec declinata. Stylus curvatus. Stigma 3-lobum. Ovarium liberum, 3-loculare, polyspermum : ovula angulo interno affixa, horizontalia. Capsula magna, lignosa, 3-valvis, polysperma. Semina magna, valdè complanata, alâ undique cincta. Umbilicus marginalis, medio diametro majori respondens. Integumentum duplex. Perispermum o. Embryo rectus, valdè complanatus : cotyledones magnæ, suborbiculares : radicula parva, umbilicum subattingens.

Arbores corymbosi; cortice suberosâ. Folia alterna, exstipulata, abruptè pinnata. Flores paniculati vel racemoso-paniculati, in eâdem paniculâ polygami.

Utriusque speciei cineres valdè alkalinæ; cortex ad sananda equorum apostemata utilis quæ aculeatis insectorum ictibus producuntur; folia piscibus lethalia.

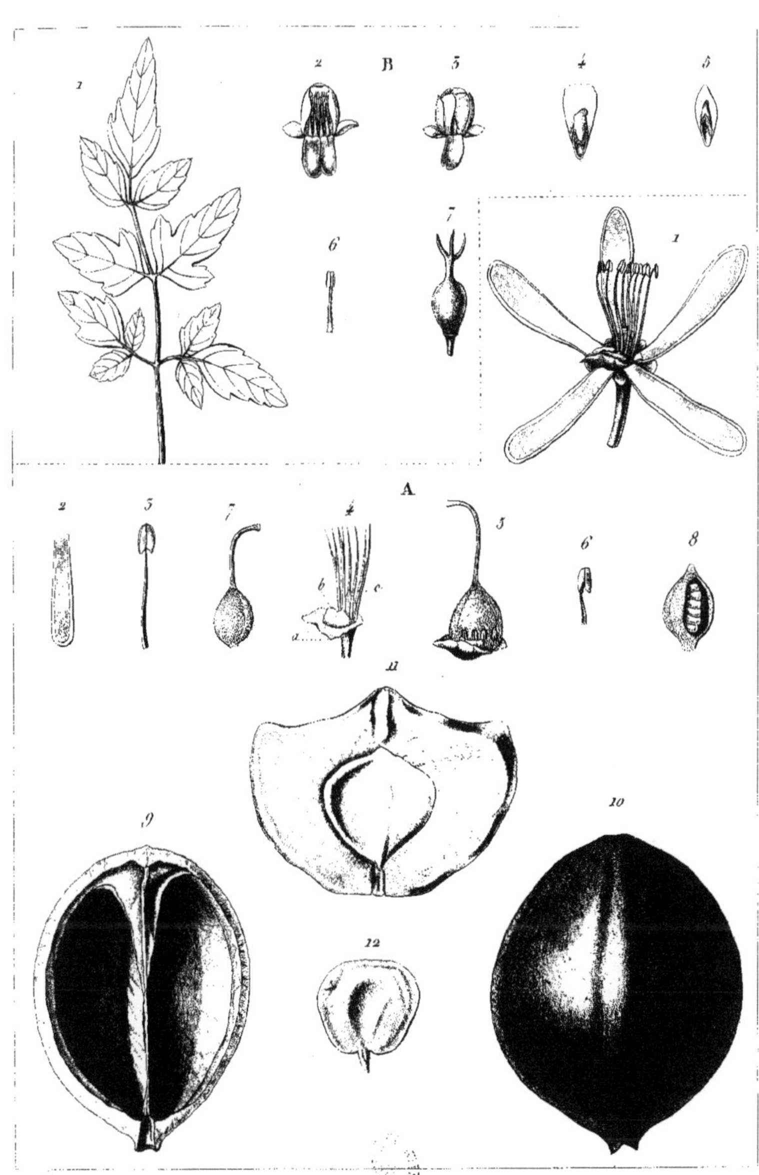

Tab. XXIV.

A. *MAGONIA pubescens.* B. *PAULLINIA Australis.*

In memoriam dixi Magonis ducis Carthaginensium qui, secundo seculo antè J. C., præstantissimos de plantis et agriculturâ libros scripserat.

Obs. Ce genre diffère des *Sapindacées* par son ovaire et sa capsule polysperme; mais d'ailleurs il a tous les caractères de cette famille et ne peut pas en être éloigné. En effet, ses feuilles sont pennées comme dans le *Sapindus*; ses fleurs sont polygames, comme elles le sont si souvent dans les *Paullinia*, *Serjania*, *Dodonea*, *Schmiedelia*, etc.; elles sont également un peu irrégulières; il existe un nectaire entre les pétales et les étamines, comme cela a lieu dans les *Schmiedelia*, *Paullinia*, etc.; les étamines sont au nombre de huit, et rejetées d'un côté de la fleur; l'ovaire est triloculaire, le style unique, l'embryon sans périsperme. Si la déhiscence est septicide dans la plupart des *Sapindacées*, elle est loculicide dans le *Llagunoa* comme dans le *Magonia*. Enfin la ressemblance des propriétés vient confirmer tant de rapports, puisque les feuilles des *Magonia* endorment les poissons comme celles d'un grand nombre d'autres *Sapindacées*.

15. Magonia pubescens. † Tab. XXIII, et XXIV, A.

M. ramulis pubescentibus; foliis pinnatis; foliolis ovato-oblongoque ellipticis, profundè emarginatis, pubescentibus; floribus racemosis; ovario ovato.

Tinguy *Cas. Cor. Bras.* I. p. 107.

N. Vulg. Pao de Tinguy.

Arbor mediocris, ramosissima; ramis corymbosis, more *Pyri mali* L.; ramulis pubescentibus; cortice suberoso. Folia quotannis decidua, alterna, exstipulata, petiolata, abruptè pinnata : foliola 8, opposita vel subopposita, sessilia; inferiora ovato-elliptica vel elliptica; superiora oblongo-elliptica; omnia basi vix attenuata, integerrima, apice profundè emarginata, subtùs pubescentia, suprà glabrata; nervo medio pubescente venisque lateralibus parallelis arcuatis : petiolus circiter 12-15 l. longus, subtùs glaber et convexus, suprà canaliculatus et pubescens : rachis petiolo continua eodemque conformis. Panicula terminalis, sessilis vel pedunculata, elongata, laxa, 9-16-pollicaris (aut, si mavis, racemus compositus): rachis angulosa, pubescens, ex luteo viridis : rami subdistantes, parcè divisi, 2-fidi, sæpè pubescentes, ex luteo virides ramulique basi bracteati : bracteæ 1-2 l. longæ, sublineares, acutæ, canaliculatæ, extùs pubescentes. FLORES in eâdem paniculâ polygami, pedicellati; pedicellis 4-8 l. longis, unifloris. — MASC. CALYX 5-partitus, subobliquus, inæqualis, extùs pubescens, ex luteo viridis; laciniis lineari-ellipticis, obtusissimis, reflexis. PETALA 5, subperigyna, calycis basi subadnata, cum ejusdem laciniis alternantia, ipsisque mutotiès longiora, circiter 5 l. longa, 1-1 $\frac{1}{2}$ l. lata, linearia, obtusa, suprà medio glabra et atropurpurea, marginibus apiceque pubescentia et viridia, subtùs pubescentia et virescentia, propter formam distantia. NECTARIUM inter petala et stamina, valdè inæquale, obliquum, subpilosum, hìnc altius et duplex, indè multò brevius, simplexque et valdè rugosum. STAMINA 8, hypogyna, declinata, libera, glaberrima : filamenta acuta, circiter 5 l. longa : antheræ ellipticæ, bifidæ, medio dorso affixæ, mobiles, anticæ, longitrorsùm dehiscentes. In centro floris, RUDIMENTUM OVARII 3-gonum et villosum cum rudimento styli glabri 3-lobi. — HERM. CALYX, PETALA, NECTARIUM ut in masc. STAMINA triplò minora nec declinata, cæterùm conformia. STYLUS basi pubescens, curvatus. STIGMA 3-lobum. OVARIUM globoso-3-gonum, pubescens, ex viridi luteum, 3-loculare, polyspermum : ovula in angulo interno affixa, horizontalia. CAPSULA diametro circiter 2-3 pol., magna, lignosa, globoso-3-gona, subdepressa, glabra, obscurè rufa, 3-valvis, 3-locularis, polysperma; valvulis carinatis, medio septiferis; columellâ centrali 3-quetrâ, dehiscentiâ liberâ. SEMEN in alam latam, coriaceam, undiquè expansum et cum eâdem circiter 1 $\frac{1}{2}$-2 pol. latum, 1 $\frac{1}{2}$ pol. longum, transversè ellipticum, apice bis lunulatìm truncatum, valdè complanatum, nitidum, glabrum, rufum. UMBILICUS marginalis, medio diametro majori respondens. INTEGUMENTUM duplex; exteriùs coriaceum; interiùs submembranaceum. PERISPERMUM nullum. EMBRYO rectus in medio seminis eodemque (adjectâ alâ) 3-plò brevior, valdè complanatus, rufus : cotyledones magnæ, orbiculari-ellipticæ, quandoquè irregulares, basi 2-lobæ, complanatæ : radicula parva, conica, acuta, circiter 2 l. longa, umbilicum subattingens.

Frequens in desertis partis provinciæ *Minas Geraes* occidentalis dictæ *Certaó do Rio de S. Francisco.* Floret Augusto, Septembre.

16. Magonia glabrata. †

M. ramulis glabris; foliis pinnatis; foliolis oblongo-ellipticis, emarginatis, mucronulatis, glabriusculis; floribus paniculatis; ovario ovato.

Tinguy *Cas. Cor. Bras.* I. p. 107.

N. Vulg. Pao de Tinguy (1).

Arbor mediocris, ramosissima; ramis corymbosis; ramulis glabris; cortice suberoso. Folia alterna, exstipulata, petiolata, abruptè pinnata cum rudimento brevi subulato folioli terminalis abortivi, quotannis decidua : foliola 8, rarò 10, opposita vel subopposita, sessilia, 15-20 l. longa, 6-9 l. lata, oblongo-elliptica, integerrima, emarginata, brevissimè mucronulata, glabra aut nervo medio proeminente quandoquè vix pubescentia : petiolus circiter 12-15 l. longus, subtùs glaber et convexus, suprà canaliculatus et pubescens : rachis petiolo continua eodemque conformis. Panicula terminalis, sessilis, circiter 7-pollicaris, omninò pubescens; pilis virescentibus : rami primarii haud longè alter ab altero enati; singulus racemum compositum, elongatum, subangustum, laxiusculum constituens (quandoquè ramus primarius solitarius, et tunc flores racemosi, racemo composito) : ramuli parum divisi : bracteæ ad basin ramulorum pedicellorumque, circiter 3 l. longæ, lineares, acutæ, canaliculatæ, scariosæ, glabratæ, fulvæ. Flores in eâdem paniculâ polygami, pedicellati; pedicellis circiter 3-4 l. longis. Masc. Calyx

(1) Casal ne parle que d'un *Tinguy*, parce que dans le pays les deux espèces sont généralement confondues sous le même nom.

5-partitus, subobliquus, inæqualis, glabrato-pubescens, ruber; laciniis sublineari-ellipticis, obtusissimis, reflexis; pilis virescentibus. Petala 5, subperigyna, calyci basi adnata, cum ejusdem laciniis alternantia ipsisque multotiès longiora, 3-4 l. longa, $\frac{1}{4}$-1 l. lata, linearia, acutiuscula, subinæqualia, medio supernè glabra et atropurpurea, marginibus apiceque pilis viridibus obtecta, subtùs pubescentia et virescentia. Nectarium inter petala et stamina, valdè inæquale, obliquum, crenatum, subpilosum, hinc longius et duplex, indè multò brevius simplex et valdè rugosum. Stamina 8, valdè declinata, libera, glaberrima : filamenta acuta, circiter 4 l. longa : antheræ oblongo-ellipticæ, bifidæ, paulò suprà basin dorso affixæ, mobiles, anticæ, longitrorsùm dehiscentes. In centro floris rudimentum ovarii 3-gonum, glabriusculum, rudimento styli glabri 3-lobi coronatum. —Herm. Calyx, Petala, Nectarium, ut in masc. Stamina 3-plò minora nec declinata, cæterùm conformia. Stylus imâ basi pubescens, curvatus. Stigma 3-lobum. Ovarium ovatum, 3-gonum, pubescens, virescens, 3-loculare, polyspermum : ovula angulo interno affixa, horizontalia. Fructum haud observavi.

Frequens in desertis partis occidentalis provinciæ *Minas Geraes* dictæ *Certaõ do Rio de S. Francisco*. Floret Augusto, Septembre.

17. Microstachys ramosissima. †

M. glaberrima; caule arboreo; foliis lanceolatis, acutiusculis, obsoletè dentatis; capsulâ depressâ, levi.

Arbor parva, ramosissima, glaberrima : ramuli valdè foliosi; cortice obscurè cinereo. Folia alterna, exstipulata, breviter petiolata, 8-15 l. longa, 3-6 l. lata, lanceolata, acutiuscula, obsoletè dentata, lucida, obscure viridia : petiolus circiter 1 l. longus, subtùs convexus, suprà canaliculatus. Flores monoeci, amentacei. Masc. Amentum axillare, circiter 4-8 l. longum. Bracteæ alternæ, parvæ; inferiores ovatæ, denticulatæ; superiores semi-ovatæ; omnes basi 2-glandulosæ; glandulis orbicularibus, adnatis. Flos in axillis bractearum solitarius. Calyx minutus, 3-phyllus, divisuris subulatis; acutissimis, denticulatis. Stamina 3 : filamenta brevia : antheræ reniformes, inter lobos affixæ, 2-loculares, à lateribus dehiscentes. — Fœm. Amenta ad basin masc. vel solitaria, masc. multò rariora, 1-flora. Bractea ovata, apicc denticulata, basi 2-glandulosa. Flos in axillis bracteæ solitarius, pedicellatus. Calyx 3-phyllus; foliolis parvis, ovatis, denticulatis, inæqualibus. Ovarium 3-quetrum, 3-loculare, 3-spermum : ovula in angulo interno suspensa. Stylus profundè 3-partitus; divisuris revolutis, intùs stigmaticis. Capsula 3-gona, obtusissima, subdepressa, levis, rufa, 3-cocca; axi persistente.

Inveni ad margines rivi *Guabijù* in desertis provinciæ *Rio grande do Sul*, haud longè à finibus provinciæ Missionum. Florebat Januario.

Obs. M. A. de Jussieu (Euph. 48) a fort bien tracé les caractères de ce genre. Il est seulement à observer que les espèces qui en font partie sont à peu près aussi souvent des arbres que des sous-arbrisseaux, et qu'il n'existe pas toujours plusieurs fleurs mâles à l'aisselle des bractées. Dans mon espèce, et beaucoup d'autres, le calice n'est pas non plus 3-partite, mais à trois folioles; les feuilles sont sans stipules; enfin le fruit n'est point prismatique. Ceux qui aiment à composer des noms génériques pourront, s'ils le veulent, séparer les espèces à fruits lisses de celles à fruits hérissés de pointes; mais il m'a semblé, comme à M. A. de Jussieu, que cette division seroit peu naturelle et sans utilité.

18. Euphorbia papillosa. †

(Aug. de S.-Hil., Plantas. Bras., XIX.)

E. glauca; foliis caulinis oblongis vel oblongo-linearibus, mucronulatis, integerrimis, glaberrimis; umbellâ sæpiùs 5-fidâ omninò papilloso-pubescente; involucris (calyx L.) turbinatis, sub 5-gonis, intùs lineatìm villosis; divisuris 5 erectis, semi-ovatis, obtusis, dentatis 4 patulis (corolla L.), transversè subellipticis; floribus masculis 25, in fasciculos 5 dispositis, cum fasciculis totidem bracteolarum lanatarum alternantes.

Euphorbia papillosa. *Aug. de St.-Hil. Plant. us. Bras.* N°. XVIII.

N. V. Leitera, Lechetres.

Planta purgans.

V. *β. minor*; caulibus digitalibus vel spithameis, sæpiùs omninò piloso-hirsutis, foliis acutis nec mucronulatis, basi nervoque medio pilosis vel utrinquè pubescentibus; bracteis umbellæ sæpiùs foliis conformibus.

Inveni in desertis provinciæ *Rio grande do Sul* propè rivulum S. Annæ, haud longè à finibus provinciæ Missionum in pascuis arenosis propè *Garupàva* (provinciâ S. Catharinæ).

CAPERONIA. †

Flores monoeci aut dioeci. Masc. Calyx 5-fidus vel 6-fidus. Gynophorum centrale columnæforme. Petala 5, summo gynophoro inserta, cum divisuris calycinis alternantia, unguiculata. Glandulæ 0. Stamina decem, ibidem inserta, duplici ordine disposita : filamenta brevia : antheræ basi 2-lobæ, dorso affixæ, mobiles, anticæ, longitrorsùm dehiscentes. Rudimentum pistilli terminale. Foem. Calyx masc. Gynophorum nullum. Petala infra ovaria inserta. Glandulæ 0. Stylus profundissimè 3-partitus; divisuris flabellato-multipartitis, omninò stigmaticis? Ovarium sessile, 3-loculare; loculis 3-spermis : ovula in angulo interiore suspensa. Capsula 3-cocca.

Herbæ vel suffrutices aculeati aut hispidi. Folia alterna, stipulata, nervosa nervis lateralibus parallelis numerosis; juniora colore purpureo imbuta. Spicæ axillares, pedunculatæ, bracteatæ. Pili simplices.

In memoriam dixi Caperonii Pharmacopolæ Aurelianensis qui, *Fritillariâ Meleagride* ad Ligeruli ripas repertâ (verisimiliter in paternâ villâ dictâ *Plissai* ubi adhuc invenitur) elegantissimam botanicis primus indicavit plantam ; undè pristinum, teste Bauhinio, nomen, *Narcissus Caperonianus*.

Obs. I. M. A. de Jussieu (Euphorb. 30) avoit déjà senti que les *Croton castanæi-*

folium et *palustre* (*Caperonia castanefolia* (1) et *palustris*) devoient former un genre particulier, et cette nécessité est mieux démontrée encore actuellement, qu'à ces deux espèces, je puis en ajouter quelques autres de la Flore brasilienne. Le genre *Caperonia* n'est même pas aussi voisin des *Croton* que le *Crozophora*, et il doit être placé entre celui-ci et le *Ditaxis* Ad. Juss. qui tous les deux ont comme lui un gynophore central dans les fleurs mâles. Il diffère de l'un et de l'autre par son port et ses stigmates en éventail; du *Ditaxis* en particulier par l'absence des glandes dans les fleurs femelles, et du *Crozophora* par la présence des pétales dans les mêmes fleurs, par le calice à cinq divisions seulement et par des poils simples.

Obs. II. Les genres *Argytamnia*, *Ditaxis* et surtout *Caperonia* prouvent évidemment que M. Ad. de Jussieu a eu raison de considérer comme des pétales les parties que l'illustre auteur du *Genera* et d'autres, d'après lui, avoient appelées des divisions ou des appendices d'un calice interne. Non-seulement ces parties sont ici colorées, elles ont la consistance des pétales et sont même caduques dans les fleurs femelles, tandis que le vrai calice persiste; mais encore elles sont éloignées du calice véritable environ des deux tiers de la longueur de la fleur, et par conséquent il est aussi peu naturel de les regarder comme une dépendance du calice que d'appeler folioles calicinales les pétales du *Silene* également portés sur un gynophore.

Obs. III. Les auteurs ont supposé que dans les *Ditaxis*, *Argytamnia* et *Caperonia* la colonne centrale étoit formée par la soudure des filets des étamines; mais il n'en est pas ainsi, puisqu'au-dessous de celles-ci, cette même colonne porte encore les pétales. Elle est donc, comme dans le *Silène* et tant d'autres plantes, une dilatation du réceptacle de la fleur, ou, pour me servir du terme technique, un gynophore.

19. Caperonia cordata. †

C. caule basi sublignoso, simplicissimo, hispido-aculeato; foliis ovatis, basi cordatis, spinuloso-serratis, hispidulo-pilosis; petalis obcordatis.

Planta dioïca. Masc. Caulis 6-15-pollicaris, basi sublignosus, simplicissimus, teres, hispido-aculeatus; aculeis patulis, acutissimis, lutescentibus. Folia alterna, stipulata, subsessilia, circiter

(1) J'ai fait sur le frais l'analyse de cette espèce qui appartient à la Flore du Brésil.

3 pol. longa, 1 ½ lata, ovata, obtusa, basi cordata; suprema ovato-lanceolata vel oblonga; omnia spinuloso-serrata insuperque tenuiter ciliata, utrâque paginâ hispidulo-pilosa, subtùs et præcipuè juniora sæpè purpurascentia, nervosa; nervis lateralibus parallelis; medio basi præcipuè aculeato-hispido. Stipulæ breves, vix manifestæ, lineari-lanceolatæ, hispido-pilosæ. Pili simplices. Spicæ axillares multifloræ : pedunculus folio paulò longior, hirtellus; pilis quibusdam glandulosis. Flores pedicellati, bracteâ pedunculari, lineari-acutâ, canaliculatâ, hirtellâ basi stipati, decidui : pedicellus circiter 2-l. longus, hirtellus. Calyx profundè 5-fidus, pilosus aut villosus, virescens; divisuris lanceolatis, cuspidatis. Petala 5, cum petalis alternantia, summo gynophoro columnari inserta, subunguiculata, obcordata, in gynophorum subdecurrentia, calyce longiora, glabra, alba, siccatione rubra. Stamina 10, supra petala gynophoro inserta, duplici ordine disposita, glabra : filamenta brevissima : antheræ ellipticæ, basi 2-fidæ, imo dorso affixæ, mobiles, 2-loc., anticæ. Rudimentum styli 3-fidum in apice styli. Foem. Caules, Folia, Stipulæ masc. Pedunculi folio breviores, uniflori, cum rudimento floris abortivi infra basin fertilis. Flos basi stipatus bracteâ lanceolato-ovatâ, cuspidatâ, hirsutâ, obscurè rubescente. Calyx 5-partitus, hirsutus, obscurè rubescens, persistens. Gynophorum, 0. Petala infra ovarium inserta, unguiculata, obcordata, calyce longiora, glabra, alba, decidua. Stylus profundissimè 5-partitus; divisuris flabellato-multipartitis; laciniis teretibus, acutis, luteis, planè stigmaticis? Ovarium sessile, 3-lobum, obtusum, setosum, 3-loculare, 3-spermum : ovula suspensa. Haud vidi fructum.

Crescit in pascuis humidis haud longè à littoribus *Uruguay* propè *Belem* (provinciâ *Rio grande do Sul*) propèque vicum S. Francisci Borjensis (provinciâ Missionum). Floret Januario, Februario.

20. Caperonia linearifolia. †

C. caule suffruticoso, simplici, aculeato simulque piloso; foliis linearibus, acutis, argutissimè serratis parcè aculeatis, pilosis; petalis obovato-cordatis, obtusissimis.

Caulis suffruticosus, pedalis-sesquipedalis, simplex, aculeatus et simul pilosus; aculeis crebris rufescentibusque pilis patulis. Folia alterna, stipulata, brevissimè petiolata, circiter 3 pol. longa, 10-31 l. lata, linearia, acuta, serrato-aculeata, subtùs valdè nervosa, nervis numerosis parallelis, utrinquè parcè aculeata, pilosa; inferiora quandoquè oblonga; superiora sæpè rubescentia : petiolus vix 1 l. longus. Stipulæ geminæ, à petiolo remotiusculæ, parvæ, subulato-aculeatæ. Racemi axillares, pedunculati : pedunculus circiter $1\frac{1}{2}$-2 pol. longus, subaculeatus simulque hirsutus : rachis pedunculo continua subaculeata simulque villosissima. Flores pedicellati : pedicelli villosissimi, bracteâ pedunculari circiter 1 l. longâ lanceolato-oblongâ acutâ aculeato-villosâ medio rubrâ margine virescente stipati, decidui. Calyx campanulatus, profundè 5-fidus, subinæqualis; laciniis oblongo-lanceolatis, acutis, subaculeato-pilosis, rubescentibus. Petala 5, paululò infra apicem gynophori centralis columnaris circiter 3-4 l. longi glabri rubri inserta, unguiculata, obovato-cordata, obtusissima, glabra. Stamina 10, gynophoro supra petala duplici ordine inserta, glabra : filamenta brevia : antheræ ovato-ellipticæ, complanatæ, basi 2-lobæ, medio dorso affixæ, 2-loculares, anticæ, longitrorsùm dehiscentes. Rudimentum styli 3-fidum in apice gynophori. Flores fœmineos non vidi : an dioica aut polygama ?

Inveni in paludibus propè prædium dictum *Ricaó de Saneloës*, ad fines provinciarum *Rio grande do Sul* et Missionum. Florebat Januario.

Je ne terminerai pas cette relation, sans y joindre quelques observations qui ne sont point sans importance. Benjamin Smith Barton pense que le miel empoisonné fait du mal aux abeilles elles-mêmes; mais cela n'est nullement vraisemblable, ou du moins il ne sauroit leur en faire, à beaucoup près, autant qu'aux hommes. Ce miel, en effet, a été sucé par les abeilles; il a résidé dans leurs intestins; elles ne l'ont rassemblé qu'en retournant mille et mille fois sur les mêmes fleurs, et s'il pouvoit leur être nuisible comme à l'homme, il est impossible de concevoir qu'elles eussent pu le récolter et le réunir dans leurs alvéoles.

L'auteur américain que je viens de citer regrette de ne pas savoir quels remèdes on doit employer dans les empoisonnemens causés par certains miels. Ma relation indique assez quel est celui qui convient le mieux. Sur les trois personnes empoisonnées près du ruisseau de S. Anna, celle qui fut le moins incommodée avoit vomi après avoir mangé, et ce ne fut qu'après avoir vomi moi-même, que j'éprouvai un mieux sensible. Si l'un des deux pâtres cités par Seringe mourut après avoir mangé du miel sucé sur les *Aconitum napellus* et *Lycoctonum*, ce fut celui des deux qui n'avoit pu vomir. Il est bien clair, d'après tout ceci, qu'un vomitif qui débarrasseroit promptement les intestins de la cause du mal seroit le meilleur remède auquel on pût recourir.

EXPLICATION DES PLANCHES.

Tab. XX. *Fabiana thymifolia.*

Fig. 1. Corolle fendue longitudinalement pour laisser voir les étamines.

Fig. 2. Calice fendu longitudinalement pour laisser voir le pistil.

Fig. 3. Une des deux valves de la capsule avec les deux placentas accolés et formant après la déhiscence une seule masse libre au centre du fruit.

Fig. 4. Semence tournée du côté de l'ombilic.

Fig. 5. Coupe longitudinale de la semence.
— *a* Ombilic : on voit que l'embryon est parallèle à son plan prolongé.

Tab. XXI, A. *Nierenbergia graveolens.*

Fig. 1. Calice.

Fig. 2. Corolle fendue d'un côté pour montrer les étamines.

Fig. 3. Graine vue du côté du dos.

Fig. 4. Graine vue du côté de la face.

Fig. 5. Coupe longitudinale de la graine.

Fig. 6. Embryon.

Tab. XXI, B. Un rameau du *Psychotria noxia.*

Tab. XXII, A. *Palicourea Marcgravii.*

Fig. 1. Corolle fendue d'un côté pour montrer les étamines.

Fig. 2. Anthère.

Fig. 3. Style.

Fig. 4. Ovaire.

Tab. XXII, B. *Palicourea longifolia.*

Fig. 1. Fruit.

Fig. 2. L'une des deux portions du fruit vue du côté du dos.

Fig. 3. La même, vue du côté de la face.

Fig. 4. Coupe de la semence.
— *a* Périsperme.
— *b* Embryon.

Tab. XXIII, A. Un rameau de *Magonia pubescens.*

B. *La Guêpe Lecheguana.*

Tab. XXIV, A. *Magonia pubescens.*

Fig. 1. Une fleur mâle très-grossie.

Fig. 2. Pétale de la même fleur un peu grossi.

Fig. 3. Etamine de la même fleur vue de face.

Fig. 4. Intérieur de la fleur mâle.
— *a* Nectaire extérieur étalé artificiellement pour laisser voir l'intérieur.
— *b* Nectaire intérieur dans sa position naturelle.
— *c* Rudiment du pistil.

Fig. 5. Intérieur de la fleur femelle.

Fig. 6. Etamine de la fleur femelle vue du côté du dos.

Fig. 7. Ovaire.

Fig. 8. Coupe verticale d'une des trois loges de l'ovaire.

Fig. 9. Une des valves de grandeur naturelle vue de face.

Fig. 10. *Id.* vue du côté du dos.

Fig. 11. Semence de grandeur naturelle.

Fig. 12. Embryon *id.*

Tab. XXIV, B. *Paullinia australis.*

Fig. 1. Feuille de grandeur naturelle.

Fig. 2 et 3. Fleurs mâles très-grossies.

Fig. 4 et 5. Pétales *id.*

Fig. 6. Etamines.

Fig. 7. Pistil.

Ce mémoire a été lu à l'Académie royale des Sciences au commencement de l'année 1824. La description des plantes qui y sont indiquées a déjà été publiée par extrait dans le Bulletin de la Société philomatique de mai 1824.

TABLEAU MONOGRAPHIQUE

Des Plantes de la Flore du Brésil méridional appartenant au groupe (classe Br.) qui comprend les Droseracées, *les* Violacées, *les* Cistées *et les* Frankeniées.

Après avoir montré dans mon Mémoire sur les *Sauvagesia* et les *Lavradia* que les *Droseracées*, les *Violacées*, les *Cistées* et les *Frankeniées*, ont entre elles les rapports les plus intimes et forment un vaste groupe de plantes inséparables, je crois devoir présenter le tableau des plantes du Brésil sur lesquelles j'ai fait mes observations. Les botanistes jugeront mieux la valeur de celles-ci, quand j'en aurai exposé tous les détails; et ce sera pour moi une occasion de faire connoître quelques genres nouveaux et un grand nombre d'espèces qui n'ont point été décrites.

DROSERACEÆ (1).

Drosera, Linn. Juss. DC.

Calyx profundè 5-fidus vel rariùs 5-partitus, sæpiùs subirregularis. Petala 5, hypogyna, vel fundo calycis inserta, cum laciniis calycinis alternantia, subunguiculata, obovata, obtusissima, glabra. Stamina ibidem inserta, cum petalis alternantia, ovario longiora, glabra, persistentia : filamenta complanata : antheræ obtusæ, basi affixæ, immobiles, posticæ, 2-loculares, longitudinaliter dehiscen-

(1) Ayant déjà donné dans ma monographie des *Sauvagesia* et *Lavradia*, les caractères différentiels des *Droseracées*, etc., je crois inutile de les répéter.

tes. STYLUS unicus, terminalis, profundè 3-5-partitus; divisuris simplicibus vel sæpiùs profundè 2-fidis, quandoquè penicellato-multipartitis. STIGMATA totidem quot styli divisuræ, continua, terminalia, completa, sæpiùs simplicia, quandoquè multipartita. OVARIUM liberum, sessile, subglobosum, 3-lobum, glabrum, 1 loc., polysp.: ovula numerosa, placentis 3 semi-cylindricis affixa parietalibus. CAPSULA vestita calyce persistente petalisque et staminibus marcidis, obtusa, glabra, 3-valvis; valvulis medio seminiferis. SEMINA numerosa, minuta, oblonga, integumento modò simplici? crustaceo, modò duplici; exteriore multò majore: umbilicus terminalis. EMBRYO minutissimus, rectus in imâ parte seminis intra vel extra perispermum locatus: cotyledones truncatæ, crassæ; radicula obtusa ad umbilicum attingens quando embryo extrarius et ferè attingens quando intrarius.

HERBÆ acaules, scapigeræ, rariùs caulescentes. FOLIA ciliis glandulosis obtecta, integra, interdùm dichotomo-divisa, in acaulibus sæpiùs rosaceo-cespitosa et spathulata. STIPULÆ axillares, cauli abbreviato affixæ vel sæpius è basi petiolorum enatæ, in caulescentibus nullæ. SCAPI juniores in spiram involutæ foliaque juniora. FLOS rarò unicus aut bini, sæpiùs plures, terminales, racemosi, secundi, pedicellati; pedicello inferiore ebracteato; cæteris sæpiùs bracteâ basi stipatis. PETALA albi, rosei vel purpurei.

OBSERVATIONS. § I. *Nombre; Géographie.* Les plantes de la famille des *Droseracées* que j'ai rapportées du Brésil méridional appartiennent au seul genre *Drosera* et à la section de ce genre où *les feuilles sont radicales et les fleurs portées par une hampe.* Ces plantes sont au nombre de douze, et, à l'exception d'une seule, toutes sont entièrement nouvelles. Si nous consultons le catalogue de plantes le plus complet qui ait été publié jusqu'à ce jour, l'utile *Prodromus* de M. de Candolle, nous y trouverons que le nombre des *Drosera* connus au commencement de l'année 1824 s'élevoit à trente-deux, dont neuf appartiennent à l'Océanique, huit à l'Afrique, cinq à l'Amérique du nord, quatre à l'Asie, trois à l'Europe et également trois à l'Amérique méridionale. On devoit croire, d'après ce compte, que, des diverses contrées que je viens de citer, l'Amérique méridionale étoit, avec l'Europe, la moins riche en *Drosera;* mais actuellement que j'en ajoute douze à celles déjà décrites, il se trouve au contraire qu'aucune partie du globe n'offre autant d'espèces de ce genre que l'Amérique du Sud.

On avoit recueilli des *Drosera*, non-seulement sous tous les méridiens, mais encore dans les contrées qui se ressemblent le moins pour la température; à Madagascar et au détroit de Magellan, dans le nord de l'Europe et à Coromandel: et ce qui achève de prouver aujourd'hui que ce genre appartient aux climats les plus différens, c'est que j'en ai récolté des espèces sur le littoral vers la ville de Campos et à peu près à la même latitude sur le sommet des montagnes les plus élevées du Brésil; dans les déserts brûlans du Rio-de-S.-Francisco, et au mois de juin sur la frontière de la province de Rio-Grande de S.-Pedro-do-Sul, lorsque le thermomètre étoit à peine au-dessus de zéro. Ce phénomène paroît extraordinaire, sans doute; mais il ne faut pas, ce me semble, lui assigner d'autre cause que celle qui a déjà servi à nous expliquer la dispersion étonnante du *Sauvagesia erecta* L. Les *Drosera* croissent, sans exception, dans les lieux humides, et par conséquent la température varie réellement beaucoup moins pour les espèces de ce genre qu'on ne pourroit le croire, si l'on se bornoit à considérer les latitudes et les hauteurs.

Les familles de végétaux qui appartiennent aux deux hémisphères ne s'y présentent en général qu'avec des diversités de formes très-remarquables, et souvent, dans un même pays, les espèces du même genre offrent aussi les plus grandes différences de port, suivant qu'elles croissent dans des terrains humides ou dans des lieux secs, dans un sol fertile ou au milieu des sables. Il n'en est pas ainsi des *Drosera*. Les espèces des contrées les plus éloignées ont entre elles une très-grande ressemblance, et le botaniste a souvent une peine extrême à les bien caractériser. Ainsi, pour ne parler que de celles du Brésil, mon *D. villosa* rappelle le *D. Capensis* L. du cap de Bonne-Espérance; le *sessilifolia* a une analogie frappante avec les *D. cuneifolia* Thun. et *Burmanni* Wahl qui croissent en Afrique; le *parvifolia* avec le *capillaris* Poir. qu'on trouve dans l'Amérique du nord; le *maritima* en a davantage encore avec le *spathulata* Lab. de la Nouvelle-Hollande, et enfin j'ai retrouvé au nord de la province de Rio-de-Janeiro, le *D. intermedia* Hayne, tel absolument qu'il croît auprès de Paris à l'étang de Saint-Léger. Mais dans quelque contrée qu'on trouve des *Drosera*, c'est toujours dans le même sol qu'on les voit naître, on n'en rencontre jamais que dans les terrains mouillés où le sable domine; d'un autre côté j'ai déjà montré que l'humidité devoit atténuer, pour ces plantes, la différence de température, et par conséquent il ne faut pas s'étonner si les circonstances étant à peu près les mêmes pour toutes les espèces, elles offrent ordinairement tant de ressemblance entre elles.

§ II. *Considérations sur les organes.* 1°. Tige. Quoique, pour la facilité des descriptions, on dise que la plupart des *Drosera* n'ont point de tige, il n'en est pas moins vrai que cet organe leur manque aussi peu qu'à tant d'autres végétaux; mais cette tige, probablement toujours vivace, est extrêmement raccourcie; les feuilles y sont alternes; la hampe n'est qu'un véritable pédoncule axillaire; un bourgeon terminal continue la plante, et, quoique l'allongement successif de cette dernière soit fort lent, sa tige parvient quelquefois à avoir une couple de pouces de longueur, comme j'en ai eu des exemples dans mon *D. ascendens.*

2°. Stipules. C'est un caractère assez remarquable sans doute que ces stipules qui semblent naître de la base du pétiole des feuilles; mais ce n'est pas toujours la place qu'elles occupent: dans le *D. graminifolia* les stipules sont portées par la tige, et elles ont plus de largeur que la feuille; dans le *D. communis*, il est assez difficile de décider avec certitude si c'est sur la tige ou sur la base de la feuille qu'elles sont appuyées; ailleurs enfin, quoique portées par le pétiole, elles le débordent un peu de droite et de gauche, et par conséquent je crois que, sans abuser des idées métaphoriques de greffe ou de soudure, on pourroit, quand la stipule des *Drosera* paroît naître du pétiole, la considérer comme naissant de la tige même, et comme étant soudée avec la base de la feuille.

3°. Insertion. Les pétales et les étamines sont certainement hypogynes dans nos *D. anglica* et *rotundifolia;* elles le sont également dans mon *D. hirtella* et surtout dans le *communis*, où le calice est décidément 5-partite; mais si l'on observe les étamines du côté du calice dans une suite d'espèces brasiliennes, c'est sur lui qu'elles paraissent attachées, et, lorsqu'on abaisse cette enveloppe, on entraîne avec elle et les pétales et les étamines. A la vérité lorsque, dans ces mêmes espèces, on examine les organes mâles du côté de l'ovaire, ils semblent insérés au-dessous de lui, et de là on pourroit conclure qu'ils ne paroissent à l'extérieur naître du calice que parce qu'ils sont un peu soudés avec cette enveloppe. Mais on sait que les faisceaux qui produisent les étamines émanent toujours du pédoncule; ce n'est point par des considérations anatomiques, par des conjectures ou des analogies qu'on doit déterminer l'insertion, mais par ce qu'on voit réellement, et il est clair que lorsqu'en abaissant un organe j'en abaisse encore un autre auquel je ne touche point, celui-ci est porté par le premier. Il faut donc reconnoître la périgynie comme existant dans quelques *Drosera*, admettre une exception nouvelle au caractère si important de l'insertion, et la considérer ici comme une raison de plus pour ne pas éloigner les *Droseracées* des *Violacées* parmi lesquelles on trouve aussi des espèces à insertion hypogyne et d'autres à insertion périgyne.

4°. Calice. Les auteurs le décrivent comme régulier, mais je l'ai trouvé plus ou moins inégal dans les espèces brasiliennes, et ce caractère me paroît offrir un nouveau motif pour rapprocher les *Droseracées* des *Violacées*, parmi lesquelles l'irrégularité de la fleur est presque général.

5°. Style; Stigmates. On s'est accordé à attribuer plusieurs styles aux *Drosera;* mais cela n'est point parfaitement exact. Les branches dont on fait autant de styles distincts naissent d'un empatement, ou, pour mieux dire, d'une souche commune, et, lorsque la capsule s'ouvre, cette base se détache des valves et forme une sorte de couronne simple qui se partage en autant de divisions profondes qu'on a indiqué de styles. Quelquefois ces branches restent simples; plus souvent elles se subdivisent. Le nombre des branches primaires et secondaires varie suivant les espèces, et souvent même il varie dans des espèces très-voisines. Ainsi, mon *D. sessilifolia* a cinq divisions primaires, le *cuneifolia* Thun. n'en a que trois; et ce qui prouve combien on doit attacher peu d'importance au nombre des branches, c'est qu'après avoir observé un style simplement 3-partite dans les échantillons du *D. villosa* que je recueillis en 1817 sur la Serra-Negra, je trouvai chaque branche profondément bifide dans tous les individus de la même espèce que je récoltai au même lieu en 1822. Le savant M. Labillardière a très-bien remarqué (Holl. vol. I, p. 79) que dans son *D. binata* chacune des trois branches primaires du style se partage comme un pinceau, en divisions capillaires. Profitant de cette observation, l'illustre auteur du *Prodromus* a cru pouvoir diviser le genre *Drosera* en deux sous-genres, *Rorella* et *Ergaleium* (Prod. 1, p. 317 et 319), et il attribue au premier un style dont les branches sont entières, et au second des branches partagées en manière de pinceau. Mais, dans le *D. binata,* ce sont véritablement les styles qui sont multifides, comme je viens de le dire, et par conséquent il y a dans cette plante autant de stigmates que de sous-divisions; au contraire dans le *D. peltata* également rapporté de la Nouvelle-Hollande par M. Labillardière et que M. de Candolle met aussi dans l'*Ergaleium*, c'est seulement la partie stigmatique qui est divisée: il n'existe donc réellement dans cette espèce qu'un stigmate multifide, et voilà par conséquent une différence très-sensible entre deux plantes rangées sous le même titre. D'un autre côté, M. de Candolle place, dans son *Rorella*, le *D. cistiflora* L., et cependant les stigmates y sont divisés comme dans le *D. peltata*, ainsi que M. de Jussieu l'a observé il y a long-temps (Gen. 245); enfin je trouve les stigmates de mon *D. sessilifolia* partagées à la manière de ceux des *Turnera*, et cette espèce se nuance avec les *D. cuneifolia* Thun. et *spathulata* Lab., où les stigmates sont simples. Concluons donc que si nous nous en tenons aux règles de la Théorie élémentaire (2e. éd., p. 222), et aucun livre n'en offre de plus sages, nous serons obligés de faire disparoître les sous-genres *Rorella* et *Ergaleium*.

6°. Semences. Elles ne sont point, comme on l'a dit, disposées sur un seul rang, mais sur plusieurs. Deux espèces, les *Drosera rotundifolia* et *Anglica* Huds. ont, outre le tégument propre appliqué sur l'amande, une autre enveloppe beaucoup plus grande que lui. On a appelé cette enveloppe un arille; mais il me semble qu'il est mieux de la considérer comme le tégument extérieur; car l'amande qu'elle renferme porte deux petites pointes dont chacune, placée à l'un des bouts de la semence, indique, comme dans le *Nepenthes* (V. Ad. Brongn. Annales des Sciences naturelles, vol. 1), l'extrémité des faisceaux soit nourriciers soit spermatiques, et l'on sait que ces faisceaux ne rampent jamais que sous les tégumens propres. D'ailleurs, dans le *Parnassia palustris* L. où l'on a également appelé arille une enveloppe analogue à celle des *D. rotundifolia* et *Anglica*, dans le *P. palustris*, dis-je, l'enveloppe dont il s'agit m'a offert une continuité vasculeuse entre elle et le tégument intérieur, ce qui n'a jamais lieu entre un véritable arille et la semence. Quoi qu'il en soit, l'enveloppe extérieure de la semence des *D. rotundifolia* et *Anglica* doit avoir bien peu d'importance, puisqu'on ne la retrouve plus dans l'espèce la plus voisine le *D. intermedia* Hayne.

7°. Périsperme. J'ai trouvé le périsperme farineux dans le *Drosophyllum* et le *Dionæa*, c'est-à-dire dans deux des *Droseracées* où les parties de la semence sont le plus faciles à observer; je l'ai de même trouvé farineux dans le *D. spiralis*, et si j'ai noté un périsperme charnu dans les *D. villosa* N. et *rotundifolia* L. comme Gærtner, dans le *D. intermedia* Hayne (1), je serois presque tenté de croire que l'extrême petitesse des objets nous a fait illusion à tous les deux.

8°. Embryon. Le savant auteur du *Prodromus Systematis* indique comme axille l'embryon des *Droseracées* (Prod. 1, p. 317). Il est clair qu'il a eu en vue le *Roridula* où il est réellement tel; mais dans le *Drosophyllum*, le *Dionæa*, les *Dros. spiralis*, *villosa*, *rotundifolia*, l'embryon extrêmement petit est rejeté à la base de la semence, et même simplement appliqué contre le périsperme dans les trois premières plantes; Gærtner l'a aussi trouvé à la base de la graine dans le *D. intermedia*; Kunth a vu la même chose dans le *D. Anglica*, et par conséquent je crois que c'est uniquement par exception que l'on doit indiquer comme axille l'embryon des *Droseracées*, ainsi qu'on pourroit les dire dépourvues de périsperme à cause du *Parnassia palustris*. Il est fort important de faire remarquer en passant que la position de l'embryon dans le *Drosophyllum*, le *Dionæa* et le *D. spiralis* infirme ce qu'avoit avancé le savant et ingénieux abbé Correa (Ann. Mus. vol. IX, p. 288) sur la différence des embryons unilobés et bilobés dont les premiers n'é-

(1) Il est évident que Gærtner a figuré les semences de deux plantes sous le nom de *D. longifolia*, mais c'est celle du *D. intermedia* dont il a donné l'analyse.

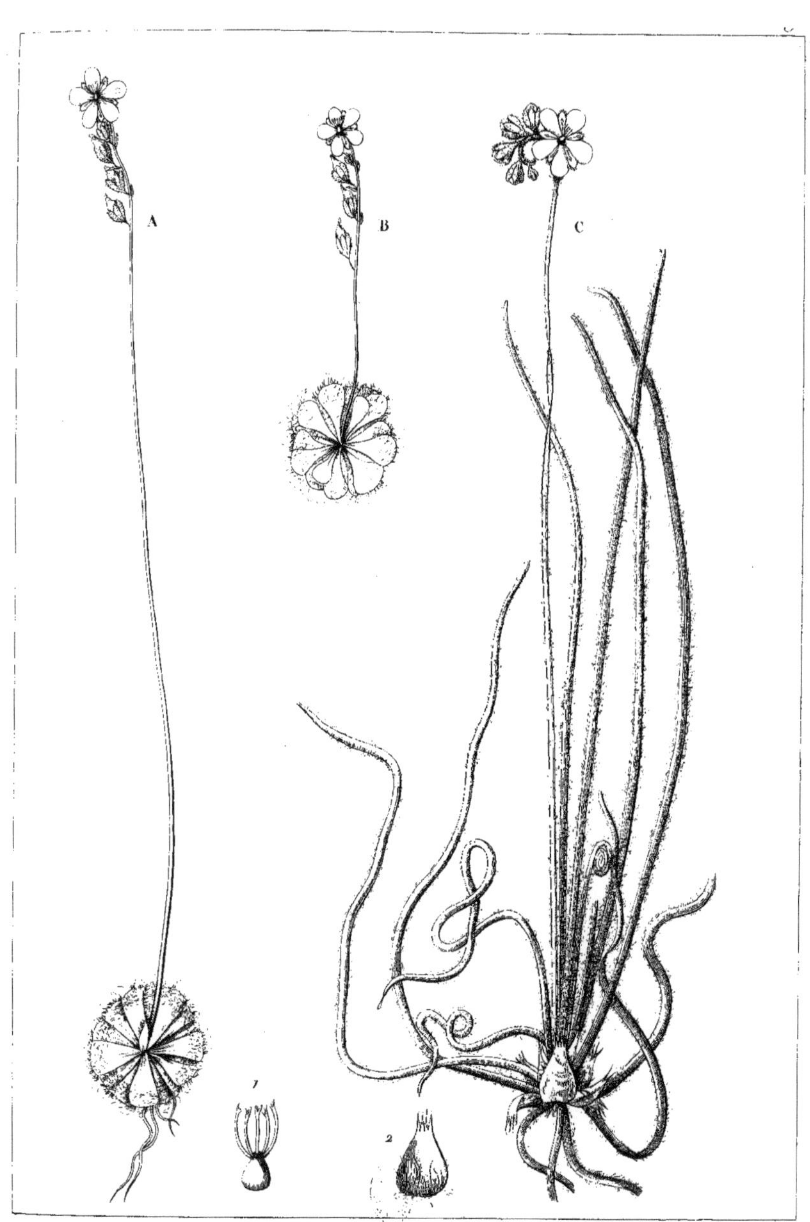

Tab. XXV.

A. *DROSERA sessilifolia*. B. *D... maritima*. C. *D... graminifolia*.

toient jamais, disoit-il, simplement appliqués contre le périsperme. Plus on fera d'observations, plus on reconnoîtra que les distinctions rigoureuses et tranchées doivent être bannies d'une science qui ne montre partout que des dégradations insensibles.

§ III. *Rapports des espèces entre elles.* Si l'on confond les deux sous-genres *Rorella* et *Ergaleium*, comme j'ai prouvé, ce me semble, que cela étoit indispensable, il se trouvera d'ailleurs que l'arrangement proposé par M. de Candolle pour les espèces de *Drosera* est le plus naturel possible ; et cet arrangement consiste à diviser le genre en espèces dites *acaules* et en espèces *caulescentes*, et à passer de celles qui offrent le développement relatif le moins sensible à celles qui semblent être le plus développées. Ainsi, commençant comme M. de Candolle, par les petites espèces du détroit de Magellan, du cap de Bonne-Espérance et de la Nouvelle-Hollande, où la hampe est presque nulle ou *pauciflore*, nous viendrons à mon *D. sessilifolia*, près duquel se rangent les *D. cuneifolia*, *Burmanni* et *spathulata ;* nous placerons successivement ceux où les feuilles s'allongent peu à peu ; nous arriverons de cette manière aux *D. intermedia*, *communis*, *Anglica*, *Capensis;* ce dernier, le *villosa* et l'*ascendens* nous conduiront aux espèces à feuilles décidément linéaires, telles que *graminifolia*, *spiralis*, etc., qui amèneront assez naturellement les *D. binata* et *pedata*, et de ceux-ci nous passerons aux espèces caulescentes.

1. Drosera sessilifolia. † Tab. XXV, A.

D. foliis radicalibus, sessilibus, cuneatis, apice obtusissimo laciniato-ciliatis, usquè ad medium ciliato-glanduliferis, basi subtùsque nudiusculis; stipulis ciliato-multipartitis; scapo complanato, glabro; calycibus glanduloso-pubescentibus, stylo 5-partito.

Radix fibrosa, nigra. Folia radicalia, creberrima, rosaceo-cespitosa, 6-8 l. longa, sessilia, cuneata, apice obtusissimo laciniato-ciliata, viridia, suprà ab apice circiter usquè ad medium ciliis rubris obtecta, basi subtùsque nudiusculis; stipulâ basi interiore instructa in semi-circulum dispositâ. Stipula ciliato-multipartita. Scapus solitarius, subspithameus, complanatus, hinc et indè 1-striatus, glaber, pauciflorus. Flores secundi, pedicellati : pedicellus 1-3 l. longus, glandulis rariusculis obsitus, calyce brevior; infimus ebracteatus; cæteri bracteâ stipati parvâ, lineari, obtusâ. Calyx turbinatus, profundè 5-fidus, glanduloso-pubescens, persistens; laciniis latiusculis, lanceolatò-linearibus, obtusis. Petala 5, hypogyna, cum laciniis calycinis alternantia iisdemque longiora, subunguiculata, obovata, obtusissima, integerrima glaberrima, purpurea, persistentia. Stamina 5, hypogyna, cum petalis alternantia, glabra, pistillum subadæquantia, persistentia; filamenta filiformia, complanata; antheræ subcordatæ, inter lobos basi affixæ, immobiles, posticæ, 2-loculares, externè longitrorsùm dehiscentes. Stylus 1 terminalis, profundissimè 5-partitus, glaber, persistens. Stigmata 5, terminalia, 5-7-partita; divisuris teretibus, albidis. Ovarium 5-gono-globosum, glabrum, 1 loc., polyspermum: ovula numerosa, placentis quinque affixa parietalibus, semi-cylindricis. Capsula vestita calyce petalisque et staminibus marcidis, stylo coronata, 5-valvis; valvulis medio septiferis. Semina ovata, nigra.

Affinis *D. cuneifoliæ* Lin. sup. et *D. Burmanni* Wahl.; differt autem à priori præcipuè foliis reverà sessilibus, inferiùs usquè ad medium nudiusculis et scapis glabris; à *D. Burmanni* notis foliorum supràdictis glandulisque calycinis pedicellatis.

In paludibus propè prædiola *Tapeira* et *Riachaô* in deserto provinciæ *Minas-Geraes* dicto *Certaô-do-Rio-de-S.-Francisco*. Florebat Julio, Augusto.

2. Drosera montana. †

D. foliis radicalibus, brevibus, oblongis, obtusissimis, in petiolum brevissimum attenuatis, suprà marginibusque ciliato-glanduliferis, utrinquè pilosis; stipulis linearibus usquè ad medium laciniatis; scapis complanatis, glanduloso-puberulis; rachi, pedicellis calycibusque glanduloso-pubescentibus.

Folia radicalia, rosaceo-cespitosa, crebra, circiter 4-5 l. longa, oblonga, obtusissima, in petiolum brevissimum attenuata, suprà marginibusque ciliis glandulosis obtecta, utrinquè pilosa, obscurè rubra; petiolo vix 1 ½ l. longo, suprà ciliato-glandulifero, utrinquè piloso. Pili longi, cinerei. Stipulæ lineares, latiusculæ, usquè ad medium laciniato-ciliatæ, scariosæ. Scapi solitarii aut rarò bini cum rachi 5-6 pol. longi, recti, complanati, glanduloso-puberuli, 3-5-flori, rubri. Flores secundi, pedicellati : pedicelli glanduloso-puberuli, calyce breviores, basi stipati bracteâ lineari acutâ; inferior ebracteatus. Calyx turbinatus, profundè 5-fidus, glanduloso-pubescens, subinæqualis; laciniis lanceolato-oblongis, acutis vel apice 2-dentatis. Petala 5, obovata, obtusa, glaberrima, rosea, fundo calycis inserta. Stamina 5, ibidem inserta, cum petalis alternantia, glabra : filamenta complanata : antheræ subcordatæ, obtusæ, aureæ, basi affixæ, immobiles, posticæ, longitudinaliter externè dehiscentes. Stylus profundè 3-partitus; divisuris 2-fidis. Stigmata 6, terminalia, dilatata. Ovarium globosum, glabrum, 1 loc., polyspermum. Fructum non vidi.

Inveni in jugis altioribus montium dictorum *Serra-do-Papagayo* in parte australi provinciæ *Minas-Geraes*. Florebat Martio.

3. Drosera tomentosa. †

D. foliis radicalibus, oblongo-ellipticis, obtusissimis, margine ciliato-glanduliferis, suprà subciliatis, subtùs villosis; petiolo laminâ 5-triplò breviore; stipulis usquè ad medium ciliato-multifidis; scapis rectis, tomentosis, apice glanduloso-puberulis; calycibus densè glanduloso-hirtellis.

Folia radicalia, crebra, rosacco-cespitosa, brevissimè petiolata, stipulata, cum petiolo circiter 5 l. longa, 1 ½-2 l. lata, oblongo-elliptica, obtusissima, margine et præcipuè apice ciliata, suprà subciliata, subtùs villosa, obscurè rubra, in petiolum latiusculum complanatum attenuata laminâ 5-tuplò breviorem. Stipulæ scariosæ, usquè ad medium ciliato-multifidæ, colore stramenti seu rosei. Scapi 1-3, recti, 3-9-pollicares, filiformes, complanati, hinc et indè costâ quandoquè elevati, tomentosi, apice glanduloso-puberuli, circiter 5-11-flori. Pili simplices, complanati, molles, subcrispi, foliorum albidi, scaporum ferruginei. Flores racemosi, terminales, secundi, pedicellati. Pedicelli calyce breviores, densè glanduloso-hirtelli; inferior ebracteatus, cæteri bracteâ lineari stipati. Calyx profundè 5-fidus, inæqualis, densè glanduloso-hirtellus; laciniis linearibus, acutiusculis. Petala 5, imo calyci inserta, obovata, obtusa, glabra, purpurea. Stamina 5, ibidem inserta, cum petalis alternantia, glabra, filamenta complanata : antheræ ellipticæ, obtusæ, aureæ, basi affixæ, immobiles, posticæ, 2-loculares, externè longitrorsùm dehiscentes. Stylus profundè 3-partitus, glaber; divisuris ascendentibus, profundè 2-fidis. Stigmata 6 terminalia, continua, clavata, subemarginata. Ovarium globosum, glabrum. Fructum non vidi.

Crescit in paludosis montium propè *Itambè* in provinciâ *Minas-Geraes*, alt. circiter 2015 ped.

Var. β. glabrata; scapis plùs minùsve glabratis. Nascitur propè vicum *Milhoverde* in parte provinciæ *Minas-Geraes* vulgò *Districto-dos-Diamantes*; alt. circiter 3700 ped.

4. Drosera hirtella. †

D. foliis radicalibus, spathulatis, laminâ obovato-rotundâ, utrinquè et præcipuè suprà margineque ciliato-glanduliferâ; petiolo laminâ duplò breviore; stipulis 3-partitis, laciniato-ciliatis; scapo basi ascendente, molliter hirsuto, apice pubescente; calyce glanduloso-hirtello.

Folia radicalia, rosaceo-cespitosa, petiolata, stipulata, spathulata; laminâ obovatâ seu obovato-rotundâ, obtusissimâ, utrinquè et præcipuè marginibus ciliis glandulosis rubris obsita, quandoquè subtùs nudiuscula; petiolo ab apice ad basin attenuato, utrinquè ciliato, laminâ breviore. Stipulæ 3-partitæ, laciniato-ciliatæ. Scapus circiter 6 pol. longus, basi ascendens, mollìter hirsutus, apice pubescens, ruber, circiter 5-florus. Pili simplices, patuli, flexuosi, rubri. Flores racemosi, terminales, secundi, pedicellati.

Pedicelli calyce multò breviores, glanduloso-hirtelli; inferior ebracteatus; cæteri bracteâ lineari acutissimâ basi stipati. Calyx oblongo-turbinatus, profundè 5-fidus, subinæqualis, glanduloso-hirtellus; laciniis oblongo-linearibus, acutiusculis. Petala hypogyna, obovata, obtusa, in unguem attenuata, integerrima, glaberrima, purpurea. Stamina 5, hypogyna, glabra: filamenta complanata: antheræ ovato-ellipticæ, obtusæ, basi affixæ, 2-loculares, externè longitrorsùm dehiscentes. Stylus 1, glaber, profundè 3-partitus; divisuris profundè 2-fidis, ascendentibus. Stigmata 6, terminalia, clavata. Ovarium glabrum, obtusum, 1 loc., polysp.: ovula numerosissima, placentis 3 parietalibus affixa. Integumentum exterius seminis certè non membranaceum.

Affinis *D. tomentosæ*, sed distincta.

Inveni ad paludes exsiccatos propè pagum *Formigas* in parte desertâ occidentalique provinciæ *Minas-Geraes* (*Certaõ*) et in montibus dictis *Serra-dos-Pyreneos* in provinciâ *Goyaz*. Florebat Junio, Julio.

Var. *β. lutescens*; foliis minoribus; laminâ obovatâ, subtùs sæpiùs nudâ; pilis scapi manifestè rigidioribus, lutescentibus.

Inveni in montibus dictis *Serra-dos-Pyreneos* in provinciâ *Goyaz*.

5. Drosera parvifolia. †

D. foliis radicalibus, parvis, subspathulatis; laminâ subrotundâ, basi attenuatâ vel obovatâ, obtusissimâ, suprà margineque ciliato-glanduliferâ, subtùs glabriusculâ; petiolo utrinquè villoso; scapo basi ascendente, glabriusculo, 2-3-floro, laciniis calycinis glanduloso-puberulis, linearibus, acutis.

Folia radicalia, petiolata, stipulata, parva, cum petiolo 1 $\frac{1}{2}$-4 l. longa; laminâ subrotundâ, basi attenuatâ vel obovatâ, obtusissimâ, suprà et præcipuè margine ciliis glandulosis rubrisque obsitâ, subtùs glabriusculâ, viridi; petiolo latiusculo, laminâ longiore, utrinquè villoso vel subvilloso. Stipulæ multipartitæ, ciliatæ. Scapi solitarii, breviusculi, basi ascendentes, glabri seu basi vix pilosi apiceque vix glanduloso-puberuli, virescentes, basi rubelli, 2-3-flori. Flores secundi, pedicellati : pedicellus viridis, vix glanduloso-puberulus; inferior ebracteatus ; cæteri bracteâ stipati, lineari. Calyx oblongus, profundissimè 5-fidus, subinæqualis, glanduloso-puberulus, viridis; laciniis linearibus, acutis. Petala 5, ovato-oblonga, obtusa, glabra, rosea. Stamina 5, cum petalis alternantia, ovario duplò longiora : filamenta complanata : antheræ suborbiculares, apice subbilobæ, luteæ, basi affixæ, immobiles, posticæ, 2-loculares, externè longitrorsùmque dehiscentes. Stylus profundissimè 3-partitus, glaber; divisuris profundissimè 2-fidis, ascendentibus. Stigmata 6, terminalia, completa, subclavata. Ovarium subglobosum, glabrum, 1 loc., polysp. : ovula numerosa, placentis 3 parietalibus affixa. Fructum non vidi.

Affinitas cum *D. capillari* Mich.; sed calyx non glaber nec folia cuneato-rotunda.

Inveni in fossis argillosis propè urbem *S.-Joaô-del-Rey* in provinciâ *Minas-Geraes.*

6. Drosera maritima †. Tab. XXV, B.

D. foliis radicalibus, spathulatis, subexstipulatis; laminâ cuneato-rotundâ, suprà ciliato-glanduliferâ, marginibus ciliato-laciniatâ, subtùs pilosiusculâ; petiolo laminæ subæquali; scapo brevi, filiformi, basi teretiusculo, superiùs complanato, glanduloso-puberulo, supernè calycibusque glanduloso-pubescentibus.

Folia radicalia, subnumerosa, rosaceo-cespitosa, petiolata, cum petiolo circiter 6 l. longa; laminâ 3-3 ½ l. latâ, cuneato-rotundâ, obtusissimâ, apice laciniato-ciliatâ, suprà ciliis glandulosis obtectâ, subtùs pilosiusculâ; petiolo complanato, suprà ciliis glandulosis obtecto, infrà pilosiusculo, laminæ subæquali. Ad basin petiolorum stipularum vicem gerentes pili quidam rari, vix manifesti. Scapi in quolibet cespite solitarii, filiformes, erecti seu basi vix ascendentes, cum rachi vix 2-pollicares, basi teretiusculi, superiùs complanati, rachisque glanduloso-puberuli, 3-6-flori. Flores racemosi, terminales, secundi, pedicellati : pedicellus glanduloso-pubescens; inferior ebracteatus; cæteri bracteâ stipati lineari. Calyx profundè 5-fidus, subinæqualis, glanduloso-pubescens, laciniis subovatis, obtusis. Petala 5, fundo calycis inserta, obovata, glabra, purpurea. Stamina 5, ibidem inserta, cum petalis alternantia, glabra : filamenta complanata, tenuia : antheræ ovatæ, luteæ, basi vix 2-lobâ affixæ, immobiles, posticæ, 2-loculares, externè longitrorsùm dehiscentes. Stylus 1, glaber, profundè 3-partitus; divisuris profundè 2-fidis. Stigmata 6, continua, terminalia, completa, oblonga, obtusa. Ovarium globosum, glabrum, 1-loc., polyspermum : ovula numerosa placentis 3 proeminentibus affixa. Fructum non vidi.

D. spathulatæ Lab. valdè affinis; differt autem præcipuè scapis brevioribus; floribus majoribus, sæpiùs magìs numerosis; laciniis calycinis subobovatis, obtusis nec linearibus acutis, obtectis glandulis pedicellatis nec sessilibus.

Inveni, Junio, in arenis maritimis propè *Ararangua* ad fines provinciarum S. Catharinæ et *Rio-Grande de S.-Pedro-do-Sul*, et, Octobre, in monte dicto *Paó de Assucar* ad littora maris in provinciâ Cisplatinâ.

7. Drosera intermedia.

D. foliis radicalibus, spathulatis; laminâ obovatâ, suprà margineque ciliato-glanduliferâ, subtùs nudâ; petiolo angusto, nudo, laminâ 3-plò ampliùsve longiore; stipulis ciliato-5-7-partitis; scapo breviusculo, ascendente, glabro; seminibus tuberculatis.

Drosera intermedia. *Drev. u. Hayne Bild. p.* 18. — *DC. Prod. vol. I, p.* 318.

D. longifolia. *Lin. sp.* 403. — *Smith Brit. p.* 347. — *Rœm. et Schult. vol. VI, p.* 761.

Folia radicalia, rosaceo-cespitosa, stipulata, spathulata; laminâ circiter 3 l. longâ, obovatâ, obtusissimâ, suprà margineque obsitâ ciliis glandulosis; petiolo laminâ 3-plò longiore et ampliùs, angusto, canaliculato, nudo, glaberrimo. Stipulæ paulò supra basin petioli affixæ, 5-7-partitæ, ciliatæ, scariosæ, ferrugineæ. Scapi in quolibet cespite 1-3, erecti sæpiùsve basi ascendentes, cum racemo circiter 2-3 pol. longi, basi teretes, superiùs complanati, nudi, glaberrimi, 6-12-flori. Flores racemosi, terminales, secundi, pedicellati; rachi complanatâ, per lentem vix puberulâ, scapo subæquali. Pedicelli calyce breviores, glabri vel oculo armato vix puberuli, basi stipati bracteâ lineari acutâ; inferior ebracteatus. Calyx profundè 5-fidus, vix inæqualis, glaber vel per lentem vix puberulus, persistens; laciniis linearibus, obtusis. Petala 5, obovata, obtusa, alba, persistentia. Stamina 5, cum petalis alternantia, glabra, ovario longiora, persistentia : filamenta complanata; antheræ parvæ, ovatæ, luteæ, basi affixæ, immobiles, posticæ, externè longitrorsùm dehiscentes. Stylus 1, glaber, profundè 3-partitus; divisuris profundè 2-fidis, ascendentibus. Stigmata 6, completa, oblonga. Ovarium obovatum, 3-gonum, obtusum, glabrum, 1 loc., polysp. : ovula numerosissima, placentis 3 affixa parietalibus. Capsula vestita calyce persistente petalisque et staminibus marcidis, obovata, 3-gona, obtusissima, breviuscula, glaberrima, 3-valvis; valvulis obtusissimis, medio seminiferis. Semina minutissima, oblongo-ovata, acutiuscula, apice obtusa, tuberculata, glabra.

Inveni in paludibus propè prædiolum dictum *Sitio do Paulista* haud longè à littore maris urbeque *Macahé* in provinciâ *Rio-de-Janeiro*. Florebat Septembre.

Obs. La plante que je décris ici est certainement celle que Linné avoit appelée *longifolia*; mais comme cette dénomination a été appliquée tantôt à mon espèce et tantôt au *D. Anglica*, suivant que les floristes trouvoient l'une ou l'autre dans le pays dont ils vouloient faire connoître la végétation, je crois que le nom de *longifolia* ne peut plus donner lieu qu'à des confusions, et, à l'exemple de M. de Candolle, j'adopte le nom d'*intermedia* proposé par Hayne.

8. Drosera communis. †

D. foliis radicalibus, spathulatis; laminâ subovatâ, obtusissimâ, suprà marginibusque ciliato-glanduliferâ, subtùs nudiusculâ; stipulis capillaceo-multipartitis; scapis subascendentibus, rachi foliisque multotiès longioribus, glabris vel basi subvillosis; calycibus 5-partitis, glanduloso-puberulis.

Drosera communis. *Aug. de S. Hil. Plant. us. Bras. n°. XV.*

9. Drosera villosa. †

D. foliis radicalibus, lineari-lanceolatis, in petiolum attenuatis; laminâ suprà marginibusque ciliato-glanduliferâ, subtùs villosâ; petiolo utrinquè villoso; stipulis 2-partitis, laciniato-ciliatis; scapis erectis, foliis 4-plò longioribus; seminibus oblongis, striatis, transversè reticulatis.

Radix crassiuscula, flexuosa, nigra. Folia radicalia, crebra, rosaceo-cespitosa, cum petiolo 1 ½-3 ½ pol. longa, ½-1 ½ l. lata, lineari-lanceolata, angusta, acutiuscula, in petiolum attenuata; laminâ suprà marginibusque ciliis obtectâ obscurè rubris glandulosis, subtùs villosâ; petiolo à laminâ non absolutè distincto, utrinquè villoso nec ciliato. Pili complanati, subcrispi, ferruginei. Stipulæ 2-partitæ, laciniato-ciliatæ, scariosæ, ferrugineæ. Scapi in quolibet cespite solitarii (rarò 2 vel 3) 7-14 pol. longi, erecti, complanati vel subtetragono-complanati, sulco uno alterove sæpè exarati, basi villosi aut subvillosi vel glabrati, medio glabri, apice subglanduloso-puberuli, rariùs à basi villosâ usquè ad apicem subglanduloso-puberuli, foliis 4-plò longiores. Flores 4-14, terminales, racemosi, alterni, secundi, pedicellati, remotiusculi. Pedicelli 2-3 l. longi, subflexuosi, glanduloso-puberuli; inferior ebracteatus; cæteri bracteâ stipati lineari, obtusâ, glanduloso-puberulâ. Calyx turbinatus, 5-fidus, glanduloso-puberulus, persistens; divisuris lineari-ellipticis, obtusiusculis, integerrimis, subinæqualibus. Petala 5, fundo calycis inserta, æqualia, subunguiculata, obovato-oblonga, obtusa, apice denticulata, purpurea, glaberrima, persistentia. STAMINA 5, cum petalis alternantia, glabra, pistillo longiora, persistentia : filamenta complanata, filiformia : antheræ ovatæ, obtusæ, basi subbilobæ, immobiles, posticæ, 2-loculares, externè longitrorsùm dehiscentes. STYLUS profundè 3-partitus, glaber; divisuris ascendentibus, simplicibus aut profundè 2-fidis. STIGMATA 3-6, terminalia, completa, clavata. OVARIUM globosum, glabrum, 1-loc., polysp. : ovula placentis 3 parietalibus affixa semi-cylindricis. CAPSULA vestita calyce petalisque et staminibus persistentibus, subglobosa, 3-loba, obtusa, nigra, 1 loc., apice 3-valvis; valvulis medio seminiferis. SEMINA numerosa, minutissima, oblonga, angusta, utrinquè attenuata, subcurvata, longitudinaliter striata, transversè reticulata, glabra, atra. INTEGUMENTUM crustaceum. PERISPERMUM farinaceum. EMBRYO minimus, rectus, globoso-conicus, in imâ basi perispermi : cotyledones crassiusculæ : radicula umbilicum ferè attingens.

D. Capensi. Lin. quodam modo affinis, sed distinctissima.

Crescit in sabuletis humidis montis dicti *Serra-Negra* in provinciâ *Minas-Geraes*, haud longè à finibus provinciæ *Rio-de-Janeiro*. Floret Januario, Februario.

10. DROSERA ASCENDENS.

D. foliis radicalibus, linearibus, basi subattenuatis, subtùs villosis, suprà marginibusque ab apice usquè ultra medium ciliato-glanduliferis; scapis ascendentibus; pedicellis omnibus ebracteatis; calycibus glanduloso-puberulis.

RADICES crassiusculæ, nigrescentes. FOLIA radicalia, creberrima, rosaceo-cespitosa, 9-15 l. longa, 1-1 $\frac{1}{2}$ l. lata, linearia, obtusiuscula, basi subattenuata, subtùs villosa, suprà marginibusque ab apice usquè ultra medium ciliis glandulosis rubrisque obsita, persistentia. STIPULÆ laciniato-ciliatæ, scariosæ, ferrugineæ. PILI simplices, complanati, subcrispi, ferruginei. SCAPI in quolibet cespite

2 vel 3, basi ascendentes, 6-10 pol. longi, complanati, obscurè rubri, infernè ciliis obtecti, superiùs glanduloso-pubescentes. Flores terminales, racemosi, secundi, pedicellati. Pedicelli circiter 2 ½ l. longi, glanduloso-puberuli, omnes ebracteati. Calyx turbinatus, profundè 5-fidus, subinæqualis; laciniis lineari-ellipticis, latiusculis. Petala 5, obovata, obtusa, vix retusa, purpurea, fundo calycis inserta. Stamina 5, ibidem inserta, cum petalis alternantia, ovario duplò longiora, glabra : filamenta complanata, tenuia : antheræ oblongæ, obtusæ, albidæ, basi affixæ, immobiles, posticæ, 2-loc., externè longitrorsùm dehiscentes. Stylus 1, profundè 3-partitus; divisuris 2-partitis, subgracilibus, glabris, apice subinfundibuliformibus. Stigmata 6, ad superficiem partis styli terminalis et concavæ. Ovarium 3-gono-globosum, glabrum, 1 loc., polysp. : ovula numerosa, placentis 3 parietalibus affixa semi-cylindricis. Fructum non vidi.

Affinis *D. villosæ*, sed distincta.

Crescit in sabuletis humidis montium dictorum *Serra de Curumatahy*, parte boreali provinciæ *Minas Geraes* dictâ *Distrito dos Diamantes*; alt. circiter 3700 ped. Florebat Septembre.

11. Drosera graminifolia. † Tab. XXV, C.

D. foliis radicalibus, sessilibus, linearibus, longis, erectis, marginibus supràque glanduloso-ciliatis, subtùs villosis; stipulis ovatis, apice laciniato-ciliatis; scapo 3-angulari, villoso, simplici.

Folia sessilia, stipulata, 6 pol. longa, vix 1 l. lata, linearia, obtusiuscula, marginibus supràque glanduloso-ciliata, subtùs villosa, primùm erecta, deindè variè contorta. Stipulæ axillares, extra basin foliorum cauli abbreviato affixæ, 4 l. longæ, 3 l. latæ, ovatæ, apice laciniato-ciliatæ, scariosæ, glabræ, fulvæ : ad basin stipularum pili graciles, longissimi, fulvi. Scapi solitarii, simplices, 3-angulares, villosi, 7 pol. longi. Flores racemosi, terminales, secundi, pedicellati, majusculi. Pedicelli villosi. Calyx turbinatus, profundè 5-fidus, inæqualis, subvillosus; laciniis linearibus, obtusiusculis. Petala 5, subunguiculata, obovata, obtusissima, integerrima, glabra. Stamina 5, cum petalis alternantia, glabra : filamenta complanata : antheræ ovatæ, obtusæ, basi affixæ, immobiles, posticæ, 2-loc., externè longitrorsùmque dehiscentes, luteæ. Stylus unicus, glaber, profundè 3-partitus; laciniis profundè 2-fidis, ascendentibus. Stigmata 6, terminalia, subcapitata. Ovarium subglobosum, glabrum. Haud vidi fructum.

Affinis videtur *D. filiformi*. Pursh.

Crescit in summis montibus dictis *Serra-da-Caraça*, provinciâ *Minas Geraes*; alt. circiter 6000 ped. Florebat Februario.

12. Drosera spiralis. †

D. foliis radicalibus, linearibus, sessilibus, longis, demùm spiraliter contortis; stipulis lanceolatis, apice vix ciliatis; scapo complanato, glanduloso-pubescente, 2-fido.

Folia radicalia, sessilia, stipulata, subnumerosa, subrosaceo-cespitosa, circiter 5-6 pol. longa, vix 1 l. lata, linearia, acutiuscula, demùm spiraliter contorta, suprà ciliis glandulosis obtecta, subtùs villosa et demùm glabrata. Stipulæ axillares, circiter 8 l. longæ, lanceolatæ, acutæ, apice vix ciliatæ, ferrugineæ, demùm laceræ. Scapus circiter 8 pol. longus, complanatus, glanduloso-puberulus, apice 2-fidus; divisuris floriferis. Flores racemosi, secundi, pedicellati, glanduloso-pubescentes. Pedicelli approximati, breves, villosi. Calyx turbinatus, profundè 5-fidus, subinæqualis, villosus, persistens; laciniis linearibus, obtusiusculis. Petala 5, imo calyci inserta, longiuscula, unguiculata, obovata, glabra, purpurea, persistentia. Stamina 5, cum petalis alternantia, ibidem inserta, glabra, capsulâ longiora, persistentia : filamenta complanata : antheræ oblongæ, obtusæ, apice basique 2-lobæ, basi affixæ, immobiles, posticæ, 2-loculares, externè longitrorsùmque dehiscentes. Stylus unicus, glaber, profundè 3-fidus; divisuris ascendentibus, profundè 2-fidis. Stigmata 6, terminalia, continua, subclavata. Ovarium non observavi. Capsula vestita calyce petalisque et staminibus persistentibus, obtusa, glabra, 1-loc., ab apice usquè ad basin 3-valvis; valvulis medio seminiferis. Semina minutissima, cylindrica, utrinquè acutiuscula, longitudinaliter striata transversèque tenuiùs, glabra, nigra. Integumentum crustaceum. Perispermum farinaceum. Embryo minutissimus, extrarius, in basi seminis situs, rectus, cylindrico-conicus, luteus: cotyledones truncatæ, perispermo applicatæ: radicula umbilicum attingens.

Crescit in montibus dictis *Serra de Curumatahy*, ad rivulum *Corgo Novo*, in parte provinciæ *Minas Geraes* dictâ *Distrito dos Diamantes*; alt. circiter 3700. Inveni Septembre cum fructibus.

VIOLACEÆ (1).

VIOLA. Vent. Kunth. Gin.

Violæ, sp. Lin.

Calyx profundè 5-partitus, persistens; laciniis planè solutis et infra basin productis. Petala 5, hypogyna, inæqualia: infimum majus, basi calcaratum. Antheræ 5, hypogynæ vel perigynæ, sessiles, cum petalis alternantes, inæquales, complanatæ, in appendicem membranaceam apice productæ, 2-loculares, anticæ, longitudinaliter dehiscentes; duæ inferiores dorso appendiculatæ, rarissimè

(1) Quelques botanistes ont écrit *Ionidia*, en citant l'auteur des plantes de la Malmaison. Il est vrai que Ventenat est le fondateur de la famille des *Violacées*; mais il n'avoit donné le nom d'*Ionidium* qu'au genre de ce nom. Il avoit trop bien étudié le *Genera* de Jussieu et les *Familles* d'Adanson pour emprunter le nom d'une famille à un genre qu'il venoit de former et qui étoit encore inconnu. Il écrivit les *Violettes* (Violæ) (Voy. Malm. 27) comme Jussieu avoit dit, les *Geraines*, les *Vignes*, les *Cistes*, etc., et, dès 1805, M. de Candolle ajouta au mot *Viola* la terminaison par laquelle tous les botanistes sont convenus de désigner les familles. Le nom de *Violacées* a donc l'antériorité sur tous les autres.

nudæ; appendicibus in calcar reconditis. OVARIUM superum, sessile, 3-gonum, 1-loc., polysp. : ovula placentis 3 parietalibus affixa, cum suturis totidem subdiaphanis alternantibus. STYLUS terminalis, unicus, varians (in brasiliensibus speciebus subulatus, plùs minùsve curvatus). STIGMA unicum, valdè varians (in brasil. speciebus terminale, minimum, à stylo vix distinctum, truncatum, sæpiùs excavatum). CAPSULA 3-gona, 3-valvis; valvulis patentibus, navicularibus, dorso crassioribus, medio seminiferis. SEMINA parva, horizontalia, ovato-globosa, hilum versùs carunculâ minimâ quandoquè incrassata, apice areolâ rugosâ excavata (chalaza), quandoquè hinc lineolâ elevata (raphe): umbilicus lateralis, raò planè terminalis. INTEGUMENTUM duplex; exterius crustaceum; interius membranaceum, perispermo adhærens. PERISPERMUM carnosum. EMBRYO axilis, rectus, ferè longitudine perispermi : cotyledones planæ : radicula obliquè vel raò directè umbilicum ferè attingens.

HERBÆ nunc manifestè caulescentes, nunc caule brevissimo aut subterraneo dictæ *acaules*; raò suffrutices. FOLIA alterna, petiolata, stipulata, marcescentia; nervo medio quandoquè persistente. STIPULÆ laterales, geminæ. PEDUNCULI solitarii, axillares, 1-flori, 2-bracteati, haud articulati, apice curvati. FLORES cernui, sæpè resupinati; colore vario. In PRÆFLORATIONE (imbricativâ DC.) alabastrum oblongo-conicum, acutiusculum; petala superiora exteriora minoraque; lateralia altiora; infimum centrale, laminâ convolutâ : antheræ erectæ.

OBSERVATIONS. — § I. *Nombre; Géographie.* Le nombre des plantes du Brésil méridional qui appartiennent aux VIOLACÉES s'élève à 31, dont 23 étoient inconnues jusqu'ici. Ces espèces se rapportent aux genres *Viola, Schweiggeria, Noisettia, Anchietea, Ionidium, Spatularia* et *Conohoria*, parmi lesquels l'*Anchietea* et le *Spatularia* sont entièrement nouveaux. Je n'ajoute au genre *Viola* que quatre espèces, dont deux croissent au nord du Tropique, et cependant à une hauteur peu considérable. Toutes font partie de la section des espèces où le style est subulé, plus ou moins recourbé, et le stigmate peu visible (Giu. in Dec. Prod. I, p. 304); et ce qu'il y a de remarquable, c'est que les autres espèces qui jusqu'à présent se rapportent avec certitude à cette même section, appartiennent également à l'Amérique méridionale.

§ II. *Considérations sur les organes.* — TIGES. — M. de Gingins avance avec raison (in DC. Syst. 1, p. 291) que les espèces dites *acaules* sont ainsi appelées, uniquement parce que leur tige a une longueur peu sensible. Dans notre *Viola odorata* L., par exemple, il existe une tige véritable qui, d'abord excessivement courte, s'allonge tous les ans de l'espace occupé par les feuilles de l'année précédente, et il n'est pas rare de trouver de ces tiges qui finissent par s'élever à plus d'un pouce. Les rejets rampans de la même plante sont de véritables rameaux qui se développent à l'aisselle de la base persistante des anciennes feuilles, et qui, se trouvant appuyés sur la terre, à cause du peu de hauteur de la tige, émettent çà et là des fibres radicales.

ÉTAMINES. — Les étamines des *Violacées*, en général, se composent d'un filet assez court, souvent même presque nul, et d'une anthère à deux loges qui s'ouvrent du côté de l'ovaire (*Anth. antica* Br.). Le connectif est parfaitement continu avec le filet, ce qui rend l'anthère immobile, comme cela arrive toujours en pareil cas; et celle-ci se termine par une membrane celluleuse qui est ordinairement la prolongation de toute sa partie dorsale. Telle est l'organisation des étamines des *Violacées*, et l'on voit par conséquent qu'elles ne diffèrent que par des nuances de toutes les autres étamines. A la vérité Aublet (Guy. 1, p. 235 et 237), ayant vu que la partie dorsale (1) des anthères de quelques *Conohoria* s'étend latéralement un peu au-delà de la loge du pollen, en un bord membraneux continu avec la membrane terminale, Aublet, dis-je, s'imagina que tout le dos de l'anthère étoit un pétale contre lequel l'anthère étoit appliquée; mais, comme l'a dit un habile physiologiste, « chaque lobe de l'anthère est un sac membraneux qui s'ouvre par deux valves » (V. Mirb. Elem.); or, pour qu'il y eût, dans les *Violacées*, application de l'anthère contre un pétale, il faudroit qu'outre ce pétale, je retrouvasse la valve postérieure du sac pollinifère, et au contraire le pollen est contenu immédiatement entre le prétendu pétale et la partie antérieure du sac; donc le prétendu pétale appartient à l'anthère; par conséquent il n'y a ici qu'une anthère simple, et il n'existe aucune application de cet organe contre un second corps, quelque nom qu'on lui donne, soit pétale, soit filament. Ainsi le nom de filament appartient uniquement ici, comme dans toutes les étamines, au support de l'anthère inférieur aux lobes. Ce qui achève, au reste, de détruire entièrement l'hypothèse d'Aublet, c'est que dans mon genre *Spatularia*, l'anthère n'offre aucun bord

(1) C'est ici celle qui regarde les pétales.

membraneux, qu'elle ressemble absolument à celle des *Lavradia* et à tant d'autres anthères immobiles, et qu'enfin l'appendice terminal, au lieu d'être le résultat d'une expansion de tout le dos, se réduit à une pointe membraneuse fort étroite et subulée qui prolonge le seul connectif. Il y a plus encore : parmi les *Ionidium* dont la plupart ont une anthère terminée par une large membrane, il est une espèce, l'*Ionidium Poaya*, où le filet est long et fort grêle ; l'anthère très-large et elliptique-orbiculaire porte au sommet une membrane fort petite et beaucoup plus étroite qu'elle, et par conséquent il n'y a encore rien ici qui puisse donner lieu à l'idée de l'application de l'anthère contre un pétale ou un filet membraneux.

Style et Stigmate. — Ces organes sont très-variables dans le genre *Violette*. Les espèces que je décris ont un style subulé, comme toute leur section très-bien distinguée par M. de Gingins (in DC. Syst., p. 304). Si cet auteur dit que le stigmate est en trompe, c'est sans doute parce que les limites du style et du stigmate sont fort difficiles à déterminer, et M. de G. aura cru pouvoir attribuer une partie du style au stigmate, pour faire mieux contraster cette section avec les autres et les rendre plus aisées à distinguer entre elles. Quant au stigmate proprement dit, il est extrêmement petit, légèrement concave dans deux espèces et simplement tronqué dans les autres.

Semences. — La semence des *Violacées* est ovoïde-globuleuse ; elle se termine par une chalaze concave, et à celle-ci aboutit une raphe à peine proéminente. L'ombilic est quelquefois terminal par rapport au grand diamètre de la graine, plus souvent il est un peu latéral, et, vers le point où il se trouve placé, il existe ordinairement une caroncule arillaire extrêmement petite. Le périsperme est charnu. L'embryon a environ la longueur de la semence, il est droit, axile, et sa radicule aboutit presque à l'ombilic ; cependant, comme celui-ci ne termine pas toujours bien exactement l'axe qui est occupé par l'embryon lui-même, il est clair dans ce cas que la radicule n'arrive pas droit au milieu de l'ombilic, mais un peu sur son côté ; de manière qu'alors tous les deux prolongés se rencontreroient à angle aigu (*radicula obliquè adversa* Mirb.) (1). Il n'y a que deux tégumens dans la semence des *Violacées*. M. de Gingins l'a reconnu comme moi et comme tant d'autres dans son Mémoire sur les *Violacées* (p. 18) ; et s'il indique ailleurs (in DC. Syst. 1, p. 287) trois tégumens, ce qui auroit lieu de surprendre, il montre bientôt qu'il n'en admet réellement que deux, puisque le troisième n'est,

---

(1) M. de Gingins est le premier qui ait indiqué ce caractère dans les *Violacées* ; mais, comme je l'ai dit plus haut, il est nécessaire d'admettre des exceptions, ce qui m'a forcé de modifier un peu l'excellente description du monographe suisse.

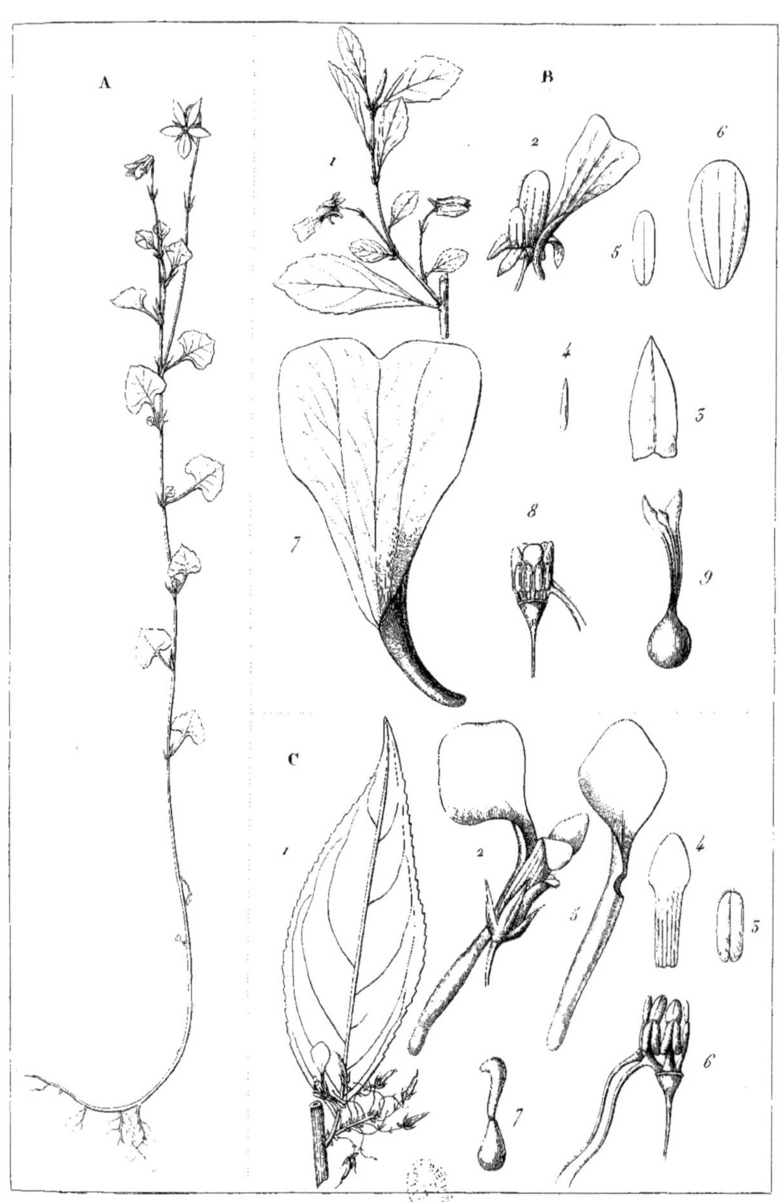

A. VIOLA *gracilina*. B. SCHWEIGGEIA *floribunda*. C. NOISETTIA *roquefeuilliana*.
Tab. XXVI.

dit-il, que l'épiderme extérieure, et l'on sait que l'on retrouve cette membrane sur toutes les parties des plantes (1).

§ III. *Affinités.* — De toutes les *Violacées*, le genre *Viola* est celui qui se lie le mieux avec les *Drosera*, puisqu'il présente comme eux des plantes herbacées, et que les unes sont également *acaules* et les autres évidemment pourvues d'une tige.

1. Viola gracillima. † Tab. XXVI, A.

V. caulescens, glaberrima; caule filiformi; foliis parvis, latè cordatis, obsoletè remotèque dentatis; stipulis lanceolato-subulatis, vix dentatis; pedunculis folio multotiès longioribus; calycinis divisuris acuminatis; stylo subulato.

Radix fibrosa. Caulis 5-8 pol. longus, filiformis, imâ basi sæpiùs ascendens, mox erectus, circumdantibus gramineis nixus, simplex vel rarissimè ramosus. Folia alterna, petiolata, stipulata, parva, circiter 3-4 l. lata, $2\frac{1}{2}$-$3\frac{1}{2}$ l. longa, latè cordata, brevissimè cuspidata, obsoletè 8-dentata, oculo validè armato subcrenulata, in petiolum subdecurrentia, glabra, subtùs per lentem farinosa; nervo medio venisque lateralibus circiter 6 suprà prominentibus : petiolus 2-3 l. longus, canaliculatus, glaber. Stipulæ parvæ, lanceolato-subulatæ, dente uno alterove notatæ, glabræ. Pedunculi solitarii, axillares, filiformes, folio 4-sextuplò longiores, glabri, supra medium 2-bracteati; bracteis alternis, 1-$1\frac{1}{2}$ l. longis, setaceo-subulatis, acutissimis, glabris. Flores pedunculo apice curvato cernui. Calyx profundè 5-partitus, glaber, persistens; divisuris inæqualibus, ovato-lanceolatis, acuminatis,

(1) La semence de l'*Anchietea* offre, comme je le dirai, une exception fort remarquable en plusieurs points. M. Kunth a vu absolument comme moi, et a très-bien décrit la semence des *Viola*, *Ionidium*, etc. Il indique à la vérité l'embryon comme renversé, la chalaze à la base et le caroncule au sommet; mais nous ne différons réellement que par l'expression. J'ai, avec Richard, considéré l'ombilic comme la base de la semence, et M. Kunth a distingué le sommet et la base géométriques, c'est-à-dire, qu'il a considéré le gros bout comme la base de la graine et le petit bout comme le sommet.

planè solutis, infra basin irregulariter productis. PETALA 5, calyce duplò longiora, hypogyna, inæqualia, glabra, violacea, decidua; infimum majus, obovato-ellipticum, obtusissimum, cuspidatum, basi brevissimè saccato-calcaratum; lateralia duo lanceolato-oblonga, acuta; suprema duo lateralibus longiora angustioraque, lanceolato-linearia, acuta. ANTHERÆ 5, hypogynæ, sessiles, calyce paulò breviores, conniventes, oblongæ, glabræ, in membranam apice desinentes, 2-loculares, longitrorsùm internè dehiscentes; superiores duæ, nullomodò dorso appendiculatæ, processu terminali hinc lateraliter curvato-uncinato; cæteræ processu terminali erecto triangulari antheræ longitudine æquali acutiusculo. STYLUS vix curvatus, subulatus, glaber. STIGMA terminale, truncatum, à stylo vix distinctum. OVARIUM ovatum, 3-lobum, glabrum, 1-loc., polyspermum: ovula rotunda, placentis 3 parietalibus affixa. Fructum non vidi.

Crescit in pascuis paludosis propè Paulopolim. Florebat Novembre.

OBS. Cette plante ressemble un peu pour le port au *Viola saxicola* Rœm.

2. VIOLA SUBDIMIDIATA. †

V. caulescens, glaberrima; foliis cordato-ovatis, acutis, inæquilateris, dentatis; stipulis oblongo-lanceolatis, inciso-ciliatis; pedunculis folio brevioribus; laciniis calycinis ovato-oblongis, acuminatis; stylo subulato.

CAULIS 7-12 pol. longus, ascendens, herbaceus, basi 3-angularis, striatus, glaber, simplex basive ramosus. FOLIA alterna, petiolata, stipulata, subdistantia, circiter 2 pol. longa, cordato-ovata, acuta, inæquilatera, dentata, in summum petiolum decurrentia, glabra, ramulum valdè abbreviatum in axillis sæpè foventia; nervo medio venisque lateralibus subconvergentibus, utrinquè proeminentibus: petiolus 10-14 l. longus, complanatus, glaber. STIPULÆ laterales, geminæ, oblongo-lanceolatæ, inciso-ciliatæ, glabræ. PEDUNCULI axillares, solitarii, filiformes, $1\frac{1}{2}$-2 pol. longi, folio breviores, bibracteati, glabri : bracteæ lineares, acutæ, glabræ. Flores pedunculo apice curvato cernui. Calyx 5-partitus, glaber, persistens; laciniis inæqualibus, ovato-oblongis, acuminatis, trinerviis, planè solutis et infra basin productis; tribus exterioribus latioribus. Petala 5, hypogyna, glabra, dilutissimè violacea, decidua; infimum majus, basi saccato-calcaratum, superiùs latè lineare, canaliculatum, apice latiore rotundatum, cuspidatum; lateralia 2, lineari-elliptica, obtusissima; suprema 2, lateralibus paulò angustiora, lineari-spathulata, obtusissima. Antheræ 5, hypogynæ, cum petalis alternantes, sessiles, conniventes, latè lineares, complanatæ, glabræ, pallidè fulvæ, apice subcoalitæ, in processum membranaceum apice desinentes, anticæ, longitrorsùm internè dehiscentes : inferiores 2; processu terminali hinc recurvato-hamato; connectivo basi exteriùs appendiculato, appendice horizontali lineari-obtusâ : cæteræ absque appendice dorsali; processu terminali membranaceo, recto, ovato-3-angulari, obtuso, antherâ dimidio breviore. Stylus subulatus, curvatus, glaber, persistens. Stigma terminale, truncatum, subexcavatum, à stylo vix distinctum. Ovarium oblongum, 3-lobum, glabrum. Capsula oblonga, 3-loba, glabra, 1-locularis, 15-sperma; valvulis navicularibus, patentibus, medio seminiferis. Semina ovato-globosa, utrinquè attenuata, compressiuscula, hinc lineâ longitudinali elevata (raphe) : chalaza terminalis conica (certè ante perfectam maturationem) : umbilicus subterminalis : caruncula minima ad latus umbilici.

Inveni in provinciâ *Minas Geraes* propè urbem *Villa Rica* ad officinam ubi faventina vasa finguntur; alt. circiter 3700 ped. Florebat Januario.

3. Viola cerasifolia. †

V. caulescens, glaberrima; foliis approximatis, lanceolatis, acutis, dentatis; stipulis oblongo-lanceolatis, acutis, basi auriculatis, inciso-ciliatis; pedunculis folio sæpiùs brevioribus; laciniis calycinis acuminatis; stylo subulato.

Plantæ sociatìm nascentes. Radix repens, gracilis, sæpiùs è basi emittens surculos. Caulis erectus, 3-12 pol. longus, latiusculus, angulatus, striatus, glaber. Folia approximata, cum petiolo circiter 3-5 pol. longa, 9-18 l. lata, lanceolata, acuta, dentata, in petiolum decurrentia, mollia, glabra, demùm deflexa; nervo medio venisque lateralibus parallelis proeminentibus : petiolus latiusculus, 6-15 l. longus, glaber. Stipulæ circiter 6-9 l. longæ, oblongo-lanceolatæ, acutæ, inciso-ciliatæ, basi subauriculatæ, in apice caulis imbricatæ, glabræ. Pedunculus axillaris, solitarius, filiformis, supra medium 2-bracteatus, glaber, folio brevior aut quandoquè longior, persistens, demùm deflexus: bracteæ longiusculæ, lineares, acutissimæ, glabræ. Flores pedunculo apice curvato cernui. Calyx 5-partitus, glaber, sæpiùs rubescens; laciniis lanceolato-linearibus, longè acuminatis, falcatis, obsoletè trinerviis, dimidiis petalis longioribus, planè solutis et infra basin inæqualiter productis. Petala 5, hypogyna, glabra, violacea; infimum basi saccato-calcaratum, superiùs latè lineare, canaliculatum, apice sublatiore rotundo-ovatum, cuspidatum; lateralia 2, sublinearia, obtusissima, falcata; superiora 2 lineari-obovata, obtusissima. Antheræ 5, hypogynæ, cum petalis alternantes, sessiles, erectæ, conniventes, latè lineares, complanatæ, glabræ, albæ, supernè subcoalitæ, in processum membranaceum apice desinentes, anticæ, longitrorsùm dehiscentes : inferiores 2; connectivo basi appendiculato, appendice descendente brevi latiusculâ obtusâ in calcare reconditâ; processu terminali hinc primùm recurvo, apice subulato, ascendente: superiores 3, absque appendice; processu cordato-triangulari, fulvo, antherâ dimidiò breviore. Stylus subulatus, incurvus, glaber, persistens. Stigma terminale, parvum, truncatum, subexcavatum, summo stylo vix latius. Ovarium oblongum, triangulare, circiter 9-spermum. Capsula vestita calyce persistente, ovato-oblonga, 3-loba, glabra, 1-loc., circiter 9-sperma. Semina ovato-globosa, utrinquè attenuata, hinc lineâ longitudinali elevata (raphe). Integumentum exteriuscrustaceum, interius membranaceum : umbilicus terminalis : caruncula minima ad latus umbilici : chalaza umbilico opposita terminalis (certe antè perfectam maturationem).

Nascitur in sylvis primævis valdèque umbrosis montium dictorum *Serra de Caraça* propèque urbem *Cahetè* in provinciâ *Minas Geraes*. Florebat Januario.

V. *β, intermedia;* foliis subovato-lanceolatis, subdistantibus, subinæquilateris. — Inventa in montibus *Caraça*.

Obs. Si l'on compare le *V. subdimidiata* avec le *cerasifolia*, var. *α*, il ne viendra certainement à l'esprit de personne que ce puissent être deux variétés d'une même espèce ; cependant la variété *β* du *cerasifolia*, dont je ne possède au reste qu'un échantillon, peut d'abord inspirer des doutes, et il faut quelque attention pour s'assurer qu'elle appartient réellement au *cerasifolia;* tant il est vrai que les formes végétales se nuancent par des dégradations tout-à-fait insensibles.

4. Viola conferta. †

V. caulescens, glaberrima; foliis confertis, ovato-lanceolatis, acutis, tenuiter dentatis; stipulis latè linearibus, obtusissimis, inciso-ciliatis; pedunculo folio subæquali ; laciniis calycinis lanceolato-linearibus, acutis ; stylo subulato.

Radix repens. Caulis erectus vel ascendens, 3-6 pol. longus, simplex basive ramosus, complanatus, striatus, glaber. Folia alterna, petiolata, stipulata, conferta, cum petiolo circiter ½-2 pol. longa, 6-10 l. lata, ovato-lanceolata, acuta, tenuiter dentata, glabra, in petiolum decurrentia ; nervo medio lateralibusque venis utrinquè proeminentibus : petiolus circiter 5-6 l. longus, complanatus, glaber. Stipulæ circiter 3-4 l. longæ, ½-2 l. latæ, lineares, obtusissimæ, basi subauriculatæ, margine ciliatæ, apice inciso-ciliatæ, in apice caulis imbricatæ. Pedunculus axillaris, solitarius, folio æqualis aut paulò longior, rarissimè brevior, paulò infra apicem 2-bracteatus, glaber : bracteæ oppositæ, lineares, acutissimæ. Flores pedunculo apice curvato cernui, albi. Calyx 5-partitus, glaber, persistens ; laciniis inæqualibus, lanceolato-linearibus, acutis, mucronulatis, tenuissimè 5-nerviis nec falcatis, dimidiis petalis longioribus, planè solutis et infra basin inæqualiter productis. Petala 5, hypogyna, glabra; supremum basi saccato-calcaratum, latè lineare, obtusissimum, cuspidatum; cætera ferè æqualia, linearia, obtusa, basi subattenuata, figuram S referentia. Antheræ 5, hypogynæ, sessiles, erectæ, conniventes, latè lineares, complanatæ, glabræ, fuscæ, apice subcoalitæ, in processum membranaceum desinentes, anticæ, longitrorsùm dehiscentes: inferiores 2; connectivo basi appendiculato, appendice descendente brevi obtuso basi latiore in calcare recondito; processu terminali hinc primùm recurvo, dein apice ascendente, subulato, acutissimo: superiores 3 absque appendice: processu ovato-3-angulari, obtusissimo, antheræ lobis dimidiò breviore. Stylus subulatus, figuram S referens, glaber, persistens. Stigma terminale, parvum, truncato-obtusum, à stylo vix distinctum, non excavatum. Ovarium oblongum, glabrum, 1-loc., polysp. Capsula oblonga, glabra, 1-loc. polysp., 3-valvis; valvulis patentibus, navicularibus, medio crassioribus et seminiferis. Semina parva, ovato-globosa, utrinquè attenuata, levia, glabra, nigra, apice notata chalazâ concavâ: umbilicus subterminalis. Integumentum duplex; exterius crustaceum; interius membranaceum, tenuissimum. Perispermum carnoso-succulentum. Embryo rectus, axilis: cotyledones orbiculares, planæ, radiculâ longiores: radicula obliquè umbilicum ferè attingens.

Affinis *Violæ cerasifoliæ* sed distincta.

Inveni in parte australi provinciæ S. Pauli, scilicet in pascuis humidis propè urbem *Castro* et in sylvis umbrosis propè prædium *Fortaleza*. Florebat Februario.

5. Viola odorata L.

Non indigena, sed nunc frequens propè oppidum S. Theresæ in provinciâ Cisplatinâ.

SCHWEIGGERIA. Spreng. Rœm. et Schult.
Glossarrhen. Mart. Gin.

CALYX profundè 5-partitus, valdè inæqualis; divisuris 3 exterioribus multò majoribus, hastato-cordatis, in summum pedunculum subdecurrentibus; interioribus 2 minimis, angustis. PETALA 5, valdè inæqualia, persistentia; superiora 2 breviora; intermedia 2 longiora; infimum omnium maximum, basi calcaratum. STAMINA 5, subperigyna, inæqualia, cum petalis alternantia : filamenta brevissima : antheræ complanatæ, in appendicem membranaceam apice productæ, immobiles, anticæ, 2-loculares, longitrorsùm dehiscentes: connectivi in inferioribus stam. appendiculati; appendicibus liberis, subulatis, in calcare reconditis. STYLUS basi attenuatus, curvatus, apice 3-lobus, persistens; lobis intùs stigmaticis (saltem in S. floribundâ). OVARIUM liberum, 1-loc., polyspermum : ovula placentis 3 affixa proeminentibus. CAPSULA vestita calyce petalis staminibusque persistentibus, ovata, 1-loc., polysperma, 3-valvis; valvulis medio seminiferis. SEMINA obovato-globosa, hinc lineâ elevata (raphe), apice chalazâ notata : umbilicus sublateralis : caruncula parva ad umbilicum. INTEGUMENTUM duplex; exterius crustaceum; interius membranaceum. EMBRYONEM non vidi.

FRUTICES. FOLIA alterna, stipulata. STIPULÆ laterales, geminæ, minimæ. PEDUNCULI axillares, solitarii, supernè 2-bracteati, supra bracteas articulati. FLORES nutantes. PRÆFLORATIO Violæ; sed uterque margo laminæ petali magni centralis medium versùs separatìm involutus.

OBS. Croyant que M. Martius étoit le premier qui eût fait mention de ce genre, j'avois adopté le nom de *Glossarrhen*, proposé par ce savant (Voy. Ann. Scient. nat. vol. II, p. 251); mais lui-même m'a fait observer depuis (in litt.) que des échantillons authentiques qu'il avoit reçus de M. Sprengel lui avoient prouvé que le *Schweiggeria* de ce dernier (Neue Entdeck. II, p. 167) étoit identique avec le *Glossarrhen*. La loi de l'antériorite forcera donc les botanistes à adopter le nom de *Schweiggeria;* mais ils reconnoîtront en même temps que c'est à M. Martius qu'est due l'exposition exacte des caractères du genre.

Le caractère le plus essentiel du *Schweiggeria* se trouve dans le *calice qui est à cinq divisions profondes, dont trois extérieures sont fort grandes, et dont deux intérieures, extrêmement petites, sont cachées par les extérieures*. Par le moyen de ce calice, les *Schweiggeria* se rapprochent immédiatement des *Viola*; car si, dans ces derniers, toute la largeur des divisions calicinales se prolonge inférieurement au-dessous du point d'attache, il y a aussi dans le *Schweiggeria* un commencement d'expansion, puisque les folioles extérieures y descendent sur les côtés en deux espèces d'oreillettes, pour former une sorte de lance ou de cœur. En se liant par le calice avec le genre *Viola*, les *Schweiggeria* se rattachent aux *Noisettia* par leurs étamines pourvues d'un filet, leur éperon assez grêle, leur corolle persistante, et enfin par un port encore moins différent des *Noisetties* que de celui des *Violettes*. Donc M. de Gingins a parfaitement indiqué la place du genre qui nous occupe, lorsqu'il a dit qu'il étoit intermédiaire entre le *Viola* et le *Noisettia*.

SCHWEIGGERIA FLORIBUNDA. Tab. XXVI, B.

G. caule ramosissimo; foliis obovatis obovatove-lanceolatis, basi cuneatis, supernè dentatis; pedunculis pubescentibus; petalo inferiore calyce ferè 3-plò longiore.

Glossarrhen floribundus. *Mart. Nov. gen.*, p. 22, t. XV. — *Gin. in Dec. prod.* 1, 291.

FRUTEX 3-4-pedalis, à basi ramosissimus; ramulis puberulis, 4-gonis; cortice cinereo. FOLIA alterna, stipulata, petiolata, numerosa, inæqualia, ramorum juniorum circiter 1-1½ pol. longa, 6-8 l. lata, cætera 2-8 l. longa, 1½-5 l. lata, omnia obovata vel obovato-lanceolata, obtusa vel acutiuscula, basi cuneata, superiùs à basi ferè usquè ad medium integerrima, dentata, glaberrima, punctis glandulosis conspersa nigrescentibus in lineas breves inæquales variè dispositis (certè per lentem): petiolus brevis, subtùs convexus, suprà canaliculatus, pubescens. STIPULÆ breves, ovato-lanceolatæ, acuminatæ vel lineari-subulatæ, integerrimæ, in ramulum decurrentes, deciduæ. FLORES axillares, solitarii, pedunculati, nutantes. PEDUNCULUS 3-8 l. longus, pubescens, supra medium 2-bracteatus supraque bracteas articulatus: bracteæ oppositæ vel subalternæ, minimæ, lineares, acutæ, puberulæ, ferrugineæ. CALYX profundè 5-

partitus, valdè inæqualis; laciniis non omninò solutis; exterioribus 3 multò majoribus, ovato-lanceolatis, acutis, basi latâ hastato-cordatis et undulatis, integerrimis, glaberrimis, punctis glandulosis minimisque conspersis, primùm reflexis, demùm erectis; interioribus 2 minimis, exterioribus duplò brevioribus, linearibus, acutis, angustis, glaberrimis, albis. Petala 5, subperigyna, valdè inæqualia, glaberrima, persistentia; superiora 2 erecta, lineari-elliptica, obtusa, uninervia, calyce dimidiò breviora; intermedia 2 superioribus dimidiò longiora 3-plòque latiora, obovato-elliptica, obtusissima, 3-nervia, punctis glandulosis conspersa; inferius maximum, calyce ferè 3-plò longius, cuneato-obcordatum, ab apice ad basin attenuatum, 3-nervium, basi lineis 2 elevatum, glabrum, desinens in calcar ipsomet 3-plò brevius et obtusum. Stamina subperigyna, libera, glabra : filamenta brevissima, complanata : antheræ complanatæ, orbiculari-ellipticæ, immobiles, anticæ, à lateribus longitrorsùmque dehiscentes, in membranam orbicularem apice productæ : connectiva staminum inferiorum in appendices descendentes producta liberas, filiformes, subulatas, acutissimas, arcuatas, in calcare reconditas. Stylus basi attenuatus, curvatus, 5-costatus, glaber, apice 3-lobus; lobis intùs stigmaticis; 2 æqualibus sub3-angularibus, patulis; uno multò minore, vix manifesto, petalum inferius spectante. Ovarium subglobosum, glabrum, 1-loc., polyspermum : ovula placentis 3 affixa proeminentibus. Capsula ovata, 3-loba, acutiuscula, glabra, 1-loc., polysperma, 3-valvis; valvulis cymbæformibus, dorso crassioribus, medio seminiferis. Semina 1 $\frac{1}{4}$ l. longa, obovato-globosa, hinc lineâ elevata, apice chalazâ notata. Integumentum duplex; exterius crustaceum; interius membranaceum.

Inveni in sylvis propè *Oitopeva*, in provinciâ S. Pauli. Florebat Octobre.

Obs. M. Martius dit que son *Glossarrhen floribundus* a les pédoncules glabres et chargés de bractées dans leur milieu; il dit aussi que le grand pétale porte à sa base deux lignes velues ; enfin sa description diffère de la mienne en plusieurs points. Les différences dont il s'agit me paroissent cependant trop peu sensibles pour constituer une troisième espèce, et sans doute elles tiennent uniquement à ce que M. M. a recueilli ses échantillons fort loin des lieux où j'ai récolté les miens. Je ne connois pas le *G. pauciflorus*, mais il paroît prodigieusement difficile à distinguer du *floribundus*, et je ne retrouve point dans les belles figures de MM. Nees, Martius et Zuccarini les caractères indiqués par les phrases de M. de Gingins et ailleurs.

NOISETTIA. Kunth, Nees et Mart. (non Mart. et Zucc.)

Calyx profundè 5-partitus, inæqualis, persistens; divisuris nec planè solutis nec basi productis. Petala 5, perigyna (certissimè), valdè inæqualia, persistentia; inferius maximum, basi longè calcaratum. Stamina 5, perigyna, cum petalis alternantia : filamenta brevia, libera : antheræ complanatæ, apice membranaceæ, basi affixæ, immobiles, anticæ, biloculares, longitrorsùm dehiscentes, interdùm omnes effetæ : connectiva vel filamenta staminum 2 inferiorum in appendices producta longissimas, filiformes, in calcare reconditas. Stylus 1, terminalis, curvatus, apice crassiore lateraliter excavatus (in illis saltem quas observavi speciebus), persistens. Stigma ad parietem partis styli concavæ lateralisque. Ovarium liberum, 1-loculare, polyspermum, quandoquè vacuum : ovula placentis 3 parietalibus affixa. Capsula vestita calyce petalis staminibusque persistentibus, 1-loc., polysperma, 3-valvis; valvulis patulis, cymbæformibus, dorso crassioribus, medio seminiferis. Semina ovato-globosa, apice notata chalazâ orbiculari concavâ. Umbilicus terminalis (saltem in bras. speciebus). Integumentum duplex; exterius crustaceum; interius membranaceum. Perispermum carnosum. Embryo rectus, axilis, ferè longitudine seminis : radicula umbilicum directè subattingens.

Suffrutices erecti vel frutices scandentes. Folia alterna, simplicia. Stipulæ geminæ, laterales. Flores breviter racemosi aut fasciculati, rarissimè solitarii, sæpiùs nutantes, quandoquè resupinati. Pedicelli solitarii, 2-bracteati vel ebracteati, suprà medium articulati, infra articulationem persistentes. IN PRÆFLORATIONE (imbricativa DC.) superiora demissiora; intermedia altiora; inferius centrale omnium altissimum utroque margine separatìm involuto.

1. NOISETTIA LONGIFOLIA.

N. glaberrima; caule suffruticoso, simplici seu ramoso; foliis oblongo-lanceolatis, angustis, acuminatis, acutissimis, tenuiter serratis; floribus fasciculatis; pedunculis ebracteatis; ovario polyspermo.

Noisettia longifolia. *Kunth. Nov. gen.* I, *p.* 384, *t.* 499.

Viola longifolia. *Poir. Dict.* VIII, *p.* 649.

Viola orchidiflora. *Rudge Plant. Guyan. rar.* I, *p.* III, *t.* X.

Ionidium longifolium *et* orchidiflorum. *Rœm. et Schult.* V, *p.* 398 et 400.

Noisettia longifolia *et* orchidiflora. *Gin. in Dec. Syst.* I, *p.* 290.

CAULIS suffruticosus, 12-14 pol. longus, simplex seu vix ramosus, substriatus, subangulosus, lineis tribus callosis vix manifestis subelevatus, glaber, virescens. FOLIA alterna, stipulata, petiolata, circiter $3\frac{1}{2}$ pol. longa, I pol. lata, oblongo-lanceolata, subangusta, acuminata, acutissima, in petiolum decurrentia, breviter serrata, glaberrima; nervo medio proeminente; nervulis parallelis crebris: petiolus latiusculus, circiter 8 l. longus. STIPULÆ minimæ, scariosæ, subulatæ, hinc dente uno instructæ. FLORES pedunculati, nutantes, in axillis foliorum fasciculati, bracteolis scariosis intermixti, minimè resupinati: pedunculus filiformis, circiter 6-10 l. longus, ebracteatus, striatus, glaber, infra apicem articulatus. CALYX profundè 5-partitus, inæqualis, obliquus, glaber, persistens; laciniis longis, lanceolato-linearibus, acuminatis, acutis, margine membranaceis, non omninò solutis, infra basin subgibbosis; 2 inferioribus calcare interposito distantibus, longioribus, basi hinc rotundis. PETALA 5, erecta, perigyna, valdè inæqualia: superiora 2 oblongo-linearia, acuta, membranacea, glabra, alba, calyce ferè duplò breviora: lateralia 2, glabra, linearia, vix spathulata, obtusa, falcata, alba : inferius omnium maximum, unguiculatum, glabrum; laminâ rhombeo-rotundatâ, apice cuspidata, marginibus obliquè involutis subcuculatâ, virescente; ungue brevi, canaliculato, albo, desinente in calcar petalo longius acutum. Stamina 5, manifestè perigyna, inæqualia, glaberrima : filamenta brevia, complanata, antheris multò angustiora, in staminibus inferioribus duobus in appendicem apice producta descendentem; appendicibus liberis, longissimis, filiformibus, subulatis, subflexuosis, glabris, in calcare reconditis : antheræ complanatæ, subellipticæ, in membranam terminalem, subrotundam fulvamque desinentes, basi affixæ, immobiles, 2-loculares, anticæ. Stylus figuram S referens, glaber, apice concavo horizontali truncatus. Stigma ad parietem partis styli concavæ. Ovarium 3-gonum, glabrum, 1-loc., polyspermum. Ovula numerosa, placentis 3 duplici ordine affixa parietalibus, ex angulis ovarii enatis. Capsula ovato-3-gona, glabra; valvulis navicularibus, dorso crassioribus, medio seminiferis. Semina ovato-globosa, basi attenuata, glabra, apice notata chalazâ orbiculari concavâ. Umbilicus terminalis. Integumentum duplex; exterius crustaceum; interius membranaceum. Perispermum carnosum. Embryo rectus, axilis : radicula ad umbilicum ferè attingens : cotyledones planæ.

Inveni inter saxa in alveo rivuli umbrati, cujus aquæ canali structili Sebastianopolitanis afferuntur. Florebat Novembre.

Obs. Quand on compare les échantillons du *Noisettia longifolia* de l'herbier du Muséum, ceux des herbiers de MM. Desfontaines, Kunth, Delessert, Poiteau, etc., les miens et la figure ainsi que la description de M. Rudge, il est impossible de ne pas reconnoître, comme l'ont fait avec moi M. Kunth et d'autres botanistes, que les *N. longifolia* et *orchidiflora* ne sont qu'une seule et même espèce, sujette à varier de même que toutes les plantes qui croissent dans un grand nombre de terrains différens et sous des parallèles très-éloignés. En indiquant la variété qu'il attribue au *Noisettia orchidiflora* sous la lettre β, M. de Gingins confirme encore ce que nous avançons ici : car une des principales différences qui se trouveroient entre les *N. orchidiflora* et *longifolia* consisteroit en ce que la dernière auroit, d'après les phrases, un pétiole un peu court (*breviusculus*), et la première, un long pétiole; or la variété β *orchidiflora* se trouve avoir un pétiole seulement un peu long (*longiusculus*); donc elle fait réellement disparoître la différence (1). Quoi qu'il en soit, les échantillons du Brésil, d'après lesquels j'ai fait ma description et ma phrase, se distinguent principalement de ceux de Cayenne, *par leurs feuilles plus étroites et plus finement dentées; par des fleurs qui ne sont jamais solitaires et qui ont un éperon plus court, enfin par des capsules un peu plus grandes.*

2. Noisettia galeopsifolia. †

Noisettia longifolia. *Nees et Mart. Nov. act. Bonn. v.* XII, *p.* 48. — *non Kunth.*

N. glaberrima; caule subherbaceo, simplici, 3-angulari, subalato; foliis lanceolatis, subacuminatis, acutis, serratis; floribus subracemoso-fasciculatis; pedunculis ebracteatis; ovario sæpiùs 15-spermo.

Radix crassa, lutescens. Caulis 12-14 pol. longus, subherbaceus, 3-angularis, glaberrimus, viridis; angulis margine angusto calloso alboque elevatis, apice subalatis. Folia alterna, petiolata, stipulata, circiter $2\frac{1}{2}$-3 pol. longa, 8 l. lata, subacuminata, acuta, serrata, basi integerrima, in petiolum decurrentia, glaberrima, obscurè viridia; nervo medio proeminente, subtùs hinc et indè lineatìm calloso; venis parallelis, manifestis, subrectis. Stipulæ parvæ, subovales, acutæ, scariosæ. Flores erecti, axillares, minimè resupinati, racemoso-fasciculati, pedicellati, è pedunculo communi brevissimo enati vix manifesto bracteis obtecto pectinatoque minutis ovatis scariosis. Pedicellus rectiusculus, apice subcurvatus, capillaris, circiter 6 l. longus, glaberrimus, ebracteatus, medio seu infra medium articulatus. Calyx profundè 5-partitus, inæqualis, obliquus, glaber; laciniis longis, sublanceolato-linearibus, acuminatis, acutis, margine membranaceis, non omninò solutis, basi subgibbosis, marginibus membranaceis; 2 inferioribus calcari interposito distantibus, longiori-

(1) On sait aussi que M. Rudge qui, en 1805, n'avoit point à Londres les objets de comparaison si multipliés que l'on trouve à Paris pour les plantes de Cayenne, a souvent, dans son bel ouvrage, fait de doubles emplois.

bus, basi hinc rotundis. Petala 5, erecta, perigyna, valdè inæqualia, lutescentia, apice pallidè coccinea : superiora 2, oblongo-linearia, obtusiuscula, calyce circiter dimidiò breviora, membranacea, glabra : lateralia 2, linearia, obtusa, falcata, glabra : inferius unguiculatum, glabrum; laminâ rhombeo-rotundâ, apice cuspidatâ, marginibus obliquè involutis subcucullatâ ; ungue brevi, canaliculato, in calcar desinente corollam ferè adæquans acutiusculum. Stamina 5, manifestè perigyna, glaberrima : filamenta brevia, complanata, antheris multò breviora, in staminibus inferioribus apice producta in appendicem longissimam; appendicibus liberis, filiformibus, subulatis, subflexuosis, glabris, in calcare reconditis : antheræ complanatæ, subellipticæ, in membranam terminalem subrotundam fulvam apice productæ, basi affixæ, immobiles, 2-loculares, anticæ, quandoquè effetæ. Stylus à basi ad apicem incrassatus, subcurvatus, glaber, apice concavo 2-fidus et subbilabiatus. Stigma ad superficiem partis styli concavæ. Ovarium ovatum, 3-gonum, glabrum, 1-loc. : ovula sæpiùs 15, rarò ampliùs, parietalia, placentis 3 parietalibus affixa. Capsula ovato-3-gona, glabra; valvulis navicularibus, dorso crassioribus, medio seminiferis. Semina ut in *N. longifoliâ*.

Valdè affinis *N. longifoliæ ;* sed distincta.

Inveni in sylvis primævis partis orientalis provinciæ *Minas Geraes*, propè pagum *Rio Vermelho*. Florebat Aprili.

Obs. Ce que dit le savant M. Nees de la patrie de son *N. longifolia*, de la couleur de ses fleurs, de ses pédoncules communs et des bractées qui couvrent ce pédoncule prouve évidemment que la plante des Actes de Bonn est identique avec le *N. galeopsifolia ;* mais j'aurois certainement, comme M. Nees, rapporté mon espèce au *longifolia*, si je n'avois eu l'avantage de pouvoir comparer ma plante avec les échantillons authentiques que Kunth et Poiret ont eus sous les yeux. M. Nees remarque au reste parfaitement bien que les semences du *Noisettia* ne sont point ailées. Or, sa plante est bien certainement un *Noisettia* de Kunth ; donc le *Noisettia pyrifolia*, si soigneusement décrit par M. Martius, et qui présente des semences ailées et des capsules vésiculeuses, n'appartient pas aux *Noisettia* du *Nova genera* de M. de Humboldt, comme au reste M. Kunth l'a reconnu lui-même, et comme on le verra plus bas.

3. NOISETTIA? ROQUEFEUILLANA. † (Verisimiliter potiùs Anchietea.)
Tab. XXVI, C.

N. glabra; caule fruticoso, tereti, scandente, ramoso; foliis ovato oblongove seu elliptico-lanceolatis, acuminatis, basi subacutis, crenato-serratis, acumine integro, acutissimo, sæpiùs falcato; pedunculis bracteatis; floribus sæpiùs racemosis.

CAULIS frutescens, teres, glaber, substriatus, scandens, ramosus. FOLIA alterna, stipulata, petiolata, ovato oblongove seu elliptico-lanceolata, acuminata, basi subacuta, crenato-serrata, glaberrima, acumine integro acutissimo sæpiùs falcato; superiora sæpiùs gradatìm minora : pedunculus circiter 3 l. longus, subtùs convexus, suprà canaliculatus, glaber. STIPULÆ parvæ, lanceolatæ, subulatæ, scariosæ, ferrugineæ. FLORES axillares, solitarii aut sæpiùs racemosi, resupinati. RACEMI breves, vix 6-8 l. longi, bracteis minimis ovatis acutis ferrugineis obtecti ex quorum axillis pedunculi nascuntur. PEDUNCULUS circiter 8 l. longus, filiformis, glaber, paulò supra basin 2-bracteatus, paulò infra apicem articulatus, variè curvatus, primùm ascendens vel patulus, demùm reflexus, infra articulationem persistens. CALYX vix inæqualis; laciniis, lanceolato-linearibus, acuminatis, acutis, uninerviis, ciliatis; 2 inferioribus ob calcar interpositum distantibus. PETALA 5, valdè inæqualia, perigyna, persistentia : superiora 2, calyce vix longiora, lineari-elliptica, obtusa, tenuia, uninervia, glabra, imo apice reflexo ciliata : intermedia 2, lineari-spathulata, obtusa, superioribus duplò longiora, cum inferiore subcoalita, apice crassiora, 5-nervia, marginibus vix tenuissimè ciliata : inferius unguiculatum, glabrum; laminâ rhombeo-rotundatâ, obtusissimâ; ungue canaliculato, à basi ad apicem attenuato, in calcar desinente petalo longius descendens obtusum intùs villosum. STAMINA 5, perigyna, inæqualia, persistentia : filamenta lobis antheræ duplò breviora, complanata : antheræ complanatæ, lineari-ellipticæ, basi 2-lobæ, apice productæ in membranam semiellipticоorbicularem, basi affixæ, immobiles, 2-loculares, anticæ, basi coalitæ: connectivum antherarum 2 inferiorum in appendicem basi productum; appendicibus filiformibus, longissimis, flexuosis, in calcare reconditis, plùs minùsve coalitis. STYLUS figuram S referens, apice rotundatus, in membranulam anteriùs productus ligulæformem glandulâ globosâ terminatam, infra membranulam lateraliter truncatus et concavus. STIGMA ad parietem partis styli lateralis truncatæ et concavæ. OVARIUM glabrum, 1-loculare: placentæ 3, parietales, lineares. In floribus quos observavi, nullum in staminibus pollen nullaque in ovariis ovula inveni. Fructum non vidi.

Crescit in sylvis primævis montis *Tejuca*, propè Sebastianopolim. Floret Augusto.

In honorem dixi D. Comitissæ DE ROQUEFEUILLE virtutibus æquè ac facultatibus animi venerandæ, quæ plantas vivas montis *Tejuca* benemultas mecum benignè communicavit.

OBS. La plante que je viens de décrire a les plus grands rapports avec l'espèce d'*Anchietea* que le savant Martius a décrite sous le nom de *Noisettia pyrifolia* (Nov. gen. Bras.), et je serois porté à croire que son fruit obligera de la réunir également aux *Anchietea*.

ANCHIETEA. Aug. de S. Hil.

Noisettia. Mart. et Zucc. — Non Kunth, nec Mart. et Nees.

CALYX profundè 5-partitus, inæqualis, inferiùs nullo modo productus, persistens; divisuris inæqualibus. PETALA 5, valdè inæqualia, decidua; superiora 2 minora; intermedia 2 longiora; infimum omnium maximum, unguiculatum, basi calcaratum. ANTHERÆ subsessiles, cum petalis alternantes, complanatæ, apice membranaceæ, basi affixæ, immobiles, introrsæ, anticæ, 2-loculares, longitrorsùm dehiscentes; inferiorum 2 filamenta brevissima, in appendices producta filiformes, in calcare recondita. OVARIUM superum. STYLUS 1. STIGMA simplex. CAPSULA maxima, vesiculosa, inflata, obtusa, unilocularis, 3-valvis, polysperma; valvulis membranaceis, medio seminiferis. SEMINA biseriata, magna, valdè complanata, membranâ cincta ad umbilicum emarginatâ. UMBILICUS marginalis. INTEGUMENTUM duplex; utrumque membranaceum. PERISPERMUM magnum, carnosum. EMBRYO rectus in basi perispermi : cotyledones planæ, orbiculares, magnæ: radicula umbilicum ferè attingens.

FRUTEX. FOLIA alterna, petiolata, stipulata. STIPULÆ geminæ, laterales, caducæ. FLORES solitarii, axillares. PRÆFORATIO Noisettiæ.

In honorem dixi P. ANCHIETEA celeberrimi Jesuitæ, apud Brasilienses indigenas evangeliorum præconis, qui doctissimas pro tempore de historiâ naturali et præsertìm de plantis provinciæ S. Pauli litteras scripsit.

N. B. Pour les observations relatives à ce genre, *voyez* les Plantes usuelles des Brasiliens, N°. XVIII.

1. ANCHIETEA SALUTARIS. † A. de S. Hil. Pl. us. Bras., n°. XVIII.

OBS. *Histoire des genres Noisettia, Corynostylis et Anchietea; nécessité de les adopter tous les trois.* — En décrivant les *Violacées* rapportées d'Amérique par M. de Humboldt, M. Kunth reconnut dans l'une d'elles, le *Noisettia frangulæfolia*, des caractères qui n'appartiennent point aux véritables *Viola*, et ayant retrouvé ces mêmes caractères dans le *V. longifolia* Poir., il fit de ces deux espèces dont il ne connoissoit pas le fruit, un genre nouveau sous le nom de *Noisettia*. Pendant que le volume du *Nova genera*, qui comprend la famille des *Violacées*, paroissoit à Paris, M. de Gingins composoit son mémoire sur les *Violettes*; il sentit très-bien que les plantes dont M. Kunth a fait le genre *Noisettia* ne pouvoient être placées ni avec les *Viola* ni avec les *Ionidium*, et il en forma son genre *Calyptrion*; d'un autre côté, ne connoissant le *Noisettia* de Kunth que par les gravures, il crut que ce genre différoit de ses *Calyptrion*, et il admit tout à la fois *Calyptrion* et *Noisettia*. Rédigeant ensuite la famille des *Violacées* pour le *Prodromus* de M. de Candolle, il conserva ces deux genres, et il plaça dans le premier les espèces grimpantes et dans le second le *Viola longifolia* avec ses variétés. Cet arrangement fait honneur à la sagacité de M. de Gingins; je suis, comme lui, tenté de croire, d'après ce que l'on sait à présent, que les caractères du fruit forceront de borner le genre *Noisettia* aux espèces à tiges non grimpantes; mais on ne peut constituer un genre d'après de simples conjectures, et il est incontestable que les *Calyptrion* de M. de

Gingins ne diffèrent nullement du *Noisettia* par les fleurs, comme Kunth s'en est convaincu d'abord par l'examen de son *N. frangulæfolia*, et comme nous nous en sommes convaincus tous les deux par l'analyse la plus attentive du *Viola hybanthus* d'Aublet (*C. Aubletii* G.). Des différences sensibles dans le fruit pouvoient donc seules autoriser à séparer les espèces comprises sous les noms de *Calyptrion* et de *Noisettia*. En rapportant du Brésil les fruits et les semences d'une des deux espèces même dont M. Kunth avait fait son genre *Noisettia*, je remplissois une lacune qu'il avoit été forcé de laisser dans les caractères de ce genre, et il devenoit clair que les espèces dont les fruits et les graines étoient semblables à ceux du *Noisettia longifolia*, c'est-à-dire des *Viola* et des *Ionidium*, devoient être considérées comme de vrais *Noisettia*, tandis que les espèces qui, avec des fleurs semblables, présenteroient beaucoup de différences dans leur fruit formeroient d'autres genres. L'*Anchietea* se trouve être dans ce dernier cas; puisque, s'il ne se distingue nullement des vrais *Noisettia*, par les caractères de la fleur, il s'en éloigne singulièrement par ses grandes capsules vésiculeuses et par ses graines ailées. Le savant M. Martius avoit, de son côté, trouvé comme moi une plante qui, avec une fleur analogue à celle du *Noisettia longifolia*, offre des fruits très-différens de son *Noisettia pyrifolia*, il ne connoissoit pas les fruits du véritable *Noisettia* de Kunth, et il dut naturellement croire que les capsules qu'il avoit sous les yeux appartenoient à tout le genre *Noisettia;* mais son espèce, présentant tous les caractères de l'*Anchietea*, confirme la solidité du genre et doit y être réunie. Voilà donc déjà, dans le *Noisettia*, deux types de fruits qui doivent constituer deux genres, et il en existe un troisième dont nous devons la connoissance à M. Martius. Comme je l'ai dit, la fleur du *Viola hybanthus* Aub. ne se distingue de celle du *Noisettia* de Kunth par aucun caractère important; mais son fruit, qui jusqu'à M. Martius étoit resté inconnu, diffère trop de ceux des *Noisettia longifolia* et *galeopsifolia* et de ceux des *Anchietea* pour ne pas être séparé des uns et des autres. Il est donc nécessaire d'adopter les trois genres *Noisettia*, *Corynostylis* et *Anchietea*, et, jusqu'à ce qu'on connoisse le fruit des autres espèces qui ont la fleur des *Noisettia*, il faudra naturellement les laisser dans ce genre.

IONIDIUM. Vent.

Hybanthus Jaq. — Pombalia Vand. — Ionidium, Pombalia et Hybanthus. Gin. — Violæ sp. Lin.

Calyx profundè 5-partitus, foliolis nec basi productis, nec planè solutis. Petala 5, perigyna vel rariùs hypogyna, valdè inæqualia : inferius maximum, unguiculatum ; ungue basi sæpiùs latiore et concavo, apice angustato. Stamina 5, ibidem inserta, cum petalis alternantia : filamenta libera vel connata, sæpiùs brevia, quandoquè nulla : antheræ complanatæ, apice membranaceæ, basi affixæ, immobiles, anticæ, 2-loculares, longitudinaliter dehiscentes; inferiorum 2 connectivi sæpissimè plùs minùsve appendiculati vel gibbosi aut quandoquè filamenta. Ovarium liberum, sessile, 1-loc., olygopolyspermum : ovula placentis 3 parietalibus affixa. Stylus curvatus, apice incrassatus, persistens. Stigma sublaterale. Capsula vestita calyce petalis staminibusque persistentibus, 1-locularis, olygo-polysperma, 3-valvis; valvulis patulis, dorso crassioribus, medio seminiferis. Semina Violæ.

Herbæ aut sæpiùs suffrutices, raró frutices. Folia alterna vel opposita aut inferiora opposita et superiora alterna, rarissimè inferiora alterna et superiora subopposita. Stipulæ geminæ, laterales, integræ aut rarissimè multipartitæ. Flores nutantes, axillares aut sæpè abbreviatione foliorum superiorum axillares simulque racemosi terminales vel omnes reverà terminales racemosi seu rarissimè racemoso-fasciculati. Pedunculi sæpiùs solitarii, rarissimè congesti, plerumquè bibracteati, sæpiùs infra apicem articulati, apice curvati. Præfloratio Noisettiæ.

Observations. — § I. *Nombre; géographie.* — Le genre *Ionidium*, étranger à l'Europe, se compose d'environ trente espèces; j'en ai recueilli dix-sept entre les 14ᵉ et les 34ᵉ de latit. sud; parmi elles, il n'en est que quatre qui fussent connues jusqu'ici, et par conséquent la Flore du Brésil méridional augmente le genre d'environ moitié.

§ II. *Caractères distinctifs.* — La seule différence du port suffiroit pour empêcher de confondre un *Ionidium* avec un *Viola*. L'absence de l'éperon au pétale inférieur est le principal caractère du premier de ces genres; mais le *Viola* s'en distingue particulièrement, comme il se distingue aussi du *Noisettia* et de l'*Anchietea*, par l'organisation de son calice qui, quoique certainement d'une seule pièce, a cependant des divisions parfaitement séparées les unes des autres à l'extérieur et prolongées inférieurement; tandis que les divisions calicinales de l'*Ionidium* se réunissent à leur base et sont sans prolongement. On ne pouvoit employer d'expressions plus heureuses pour caractériser le calice des *Violettes* que celles dont s'est servi M. Kunth : *divisuræ basi productæ et omninò solutæ*. Quant à celles de *Calyx in petiolum decurrens* dont on s'est servi pour désigner le calice des *Ionidium*, il ne faut les considérer que comme une sorte de figure destinée à faire ressortir la différence des deux genres ; car il n'y a pas de décurrence sans une expansion lamelliforme de l'organe décurrent sur l'organe voisin, et cette expansion dont on voit quelque trace légère chez le *Schweiggeria*, n'existe pas plus au calice des *Ionidium* et des *Noisettia* qu'à celui des autres plantes à calice 5-partite.

§ III. *De deux genres qui doivent rentrer dans le genre Ionidium,* savoir : *Pombalia* et *Hybanthus*. — J'ai tâché de démontrer ailleurs la nécessité de réunir aux *Ionidium* le *Pombalia* Gin. et l'*Hybanthus* Jaq. (*Voy.* Plantes usuelles des Brasiliens, N°. XI.) J'espère que l'on aura pu entendre ce que j'ai écrit sur ce dernier genre. Quant au *Pombalia*, j'ai eu le tort de citer, pour preuves de ce que j'avançois, beaucoup trop de plantes que l'on ne connoissoit pas encore. Comme j'en donne ici la description, je crois devoir revenir sur ce que j'ai déjà dit, me flattant qu'actuellement je serai plus intelligible. La différence du *Pombalia* et de l'*Ionidium* consisteroit, d'après M. de Gingins, en ce que le calice du *Pombalia* seroit très-grand et à bords hérissés de pointes roides (*echinatus*) ; en ce que les filamens seroient plus longs que dans l'*Ionidium ;* l'ovaire très-velu et le pédoncule non articulé. J'ai, comme on le verra plus bas, quatre espèces où le calice est pinnatifide, savoir : *Ionidium setigerum*, *scariosum*, *Ipecacuanha* et *villosissimum* ; mais il est une d'elles, l'*I. scariosum*, dont les divisions sont entières au sommet, et celles du calice du *setigerum* ne présentent en tout que cinq à six lanières. Si le calice des *I. villosissimum* et *Ipecacuanha* est assez grand, celui du *scariosum* ne l'est pas plus que le calice parfaitement entier de l'*I. lanatum*, et celui de l'*I. setigerum* est aussi petit et même beaucoup plus petit que dans beaucoup d'autres espèces à divisions calicinales non découpées. Les *I. Ipecacuanha* et *villosissimum* ont, il est vrai, la lame de leur pétale inférieur transversalement elliptique ; mais les *I. scariosum* et *setigerum* présentent, avec un calice semblable ou à peu près semblable, une lame presque orbiculaire ; et, d'un autre côté, l'*I. Poaya* et une foule d'autres qui n'ont pas de découpures à leur calice, ont la lame de leur pétale inférieur transversalement elliptique. Il est incontestable que les étamines ont des filets très-sensibles dans les *I. Ipecacuanha* et *villosissimum ;* mais les anthères sont sessiles dans l'*I. setigerum*. Les *I. lanatum* et *Poaya* qui ont le calice sans divisions offrent un ovaire velu comme l'*Ipecacuanha*. Les pédoncules de l'*Ionidium setigerum* sont articulés comme ceux de beaucoup d'espèces à calice non divisé. Enfin celui qui voudra consulter le port des plantes dont il s'agit, ne pourra jamais se décider à séparer les *I. Poaya* et *lanatum* où le calice est sans divisions, des *I. Ipecacuanha* et *villosissimum*, pas plus que l'*I. setigerum* des *I. commune* et *sylvaticum* dont le calice est parfaitement entier.

§ IV. *Arrangement des espèces.* — Jusqu'ici il ne se présente aucun caractère bien tranché pour diviser les *Ionidium*. Les dimensions relatives de la lame du pétale inférieur se nuancent entre elles, et il en est de même de celles de l'onglet. Je crois donc que les espèces doivent être rangées d'après leur port, en observant de placer premièrement celles à feuilles alternes qui, par ce caractère, se rapprochent davantage de l'*Anchietea*, des *Noisettia* et des *Violettes*; de mettre ensuite les espèces à feuilles presque opposées, telles que l'*I. nanum*; puis celles qui en ont d'opposées en bas et d'alternes en haut; enfin les espèces à feuilles entièrement opposées qui font le passage aux *Violacées* régulières, passage parfaitement ménagé d'un côté par l'*Ionidium atropurpureum* dont les fleurs sont les moins irrégulières parmi tous les *Ionidium*, et de l'autre par celles presque régulières du nouveau genre *Spathularia* qui se lie si bien avec les *Conohoria*.

§ V. *Propriétés.* — Je trouve une nouvelle confirmation des propriétés émétiques des *Violacées* dans mon *I. Poaya*, qui est substitué au *Cephaelis emetica* dans la partie de la province des Mines voisine de celle de Goyaz et dans le midi même de cette province (1).

1. Ionidium commune. †

I. caule herbaceo aut sæpiùs suffruticoso, pubescente; foliis alternis; intermediis lanceolatis, acuminatis, dentatis, basi integerrimis, vix puberulis; stipulis parvis, linearibus, integerrimis; staminibus glaberrimis; filamentis antheræ lobis 3-plò brevioribus.

Radix alba. Caulis raro herbaceus, sæpiùs suffruticosus, 1-4-pedalis, ramosus, basi teres, superiùs complanatus, angulatove-complanatus, pubescens, apice villosus. Folia alterna, petiolata, stipulata; circiter 1-2 pol. longa; inferiora ovato-lanceolata; intermedia lanceolata; superiora oblongo-lanceolata; omnia utrinquè acuminata, in petiolum decurrentia, basi integerrima, superiùs

(1) Je ne dis rien ici de la réunion des genres *Pombalia* et *Hybanthus* au genre *Ionidium*, parce que j'ai déjà traité ce point de botanique dans le N°. XI des *Plantes usuelles des Brasiliens*.

38.

dentata, vix puberula; nervo medio venisque lateralibus parallelis utrinquè proeminentibus: petiolus brevis, vix puberulus. Stipulæ parvæ, lineares, integerrimæ, pubescentes. Flores pedunculati, axillares, solitarii et abbreviatione foliorum superiorum demùm racemosi, pedunculo apice curvato penduli. Pedunculi circiter 3-4 l. longi, graciles, bibracteolati, pubescentes: bracteolæ oppositæ, minutæ, subovatæ, acutæ, hirtellæ. Calyx 5-partitus, pubescens, vix inæqualis; laciniis nec planè solutis, nec inferiùs productis, lineari-lanceolatis, acuminatis, acutis, medio dorso costatis, marginibus membranaceis. Petala manifestè perigyna, valdè inæqualia: superiora 2 minora, erecta, subirregularia, linearia, obtusa, subemarginata, uninervia, glabra: lateralia 2 irregularia, ovato-lanceolata, acuminata, obtusa, 4-nervia, glabra, calyce vix longiora: inferius magnum, unguiculatum, externè pubescens; ungue canaliculato, basi concavo, apice angustato; laminâ ovatâ, obtusiusculâ, medio 3-nerviâ. Stamina 5, perigyna, inæqualia, glabra: superiora 3 subirregularia; filamentis complanatis, angustis, lobis antheræ 3-plò brevioribus; antherâ basi affixâ, immobili, anticâ, 2-loculari, longitrorsùm dehiscente, in membranam productâ semiovato-rotundam fulvam; connectivo nudo: inferiora 2 irregularia; filamentis vix complanatis, angustis, lobis antherarum 2-plò brevioribus; antherâ ovato-lineari, basi subcordatâ, inæquilaterali, situ superioribus conformi; connectivo basi producto in appendicem brevem, curvatam, descendentem, in basi petali superioris reconditam; processu terminali, irregulari, obliquo, fulvo. Stylus basi attenuatus, subincurvus, glaber, persistens. Stigma subcapitatum, subobliquum. Ovarium ovatum, glabrum. Capsula calyce petalis staminibusque persistentibus vestita, ovata, 3-gona, glabra, 1-locularis, circiter 18-sperma; valvis navicularibus, medio seminiferis, patentibus. Semina ovato-globosa, apice areolâ orbiculari notata, lævia, glabra, basi carunculâ minimâ 3-angularie levata: umbilicus sublateralis.

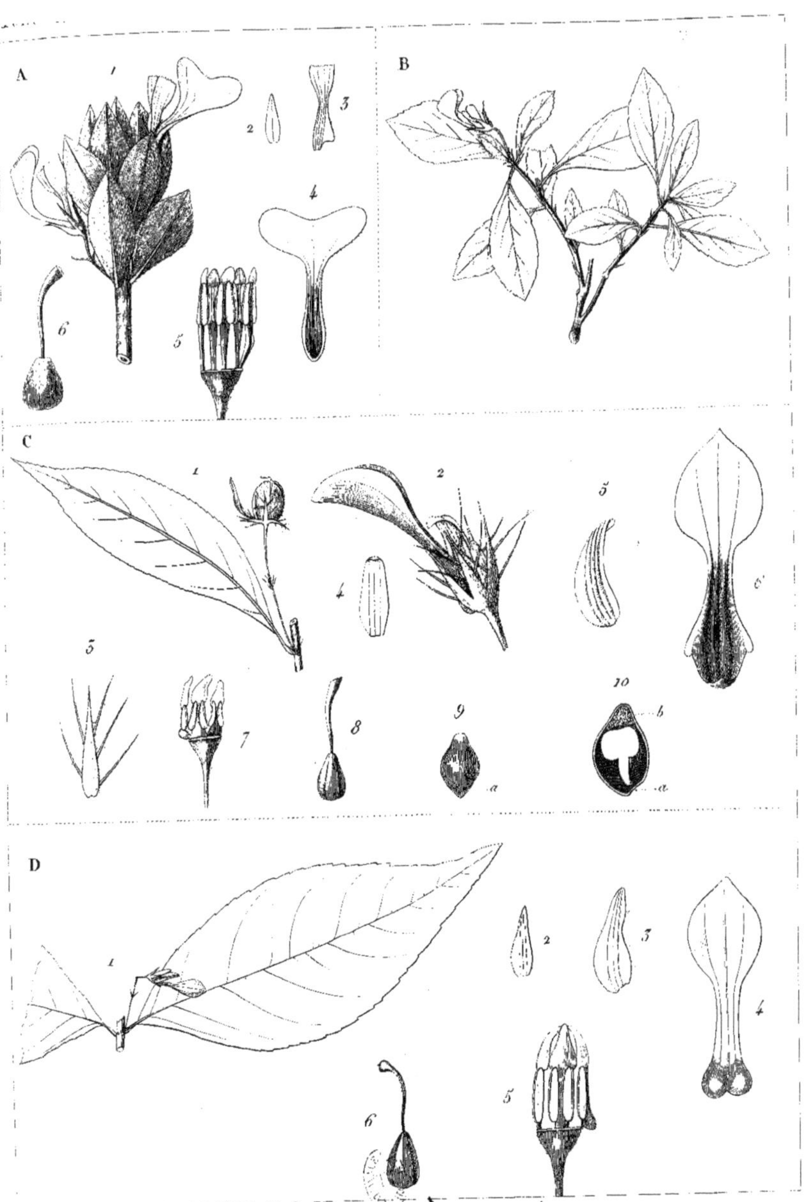

A. IONIDIUM *lanatum*. B. IONID.m *nanum*. C. IONID.m *setigerum*. D. IONID.m *bigibbosum*.

Tab. XXVII.

Habitat in sylvis primævis et cæduis et circà domos. Floret Januario-Aprili.

2. Ionidium setigerum. † Tab. XXVII, C.

Caule suffruticoso, pubescente; foliis alternis, oblongo-lanceolatis, acuminatis, acutissimis, dentatis, puberulis; stipulis pedunculorumque bracteis multipartito-ciliatis; calycinis laciniis pinnatifido-ciliatis.

Caulis suffruticosus, 1-pedalis, simplex aut ramosus, quandoquè ramosissimus, obsoletè 5-gonus, pubescens; rami patentes vel erectiusculi, pubescentes. Folia alterna, petiolata, circiter $2\frac{1}{2}$-pol. longa, gradatìm minora, oblongo-lanceolata, acuminata, acutissima, dentata, puberula; nervo medio proeminente: petiolus brevissimus, pubescens. Stipulæ laterales, geminæ, multipartito-ciliatæ; laciniis setas referentibus, teretibus, subulatis, pubescentibus, subdivergentibus. Flores axillares et abbreviatione foliorum superiorum demùm racemosi, bracteati, cernui: bracteæ inferiores foliis consimiles; superiores lanceolato-lineares, angustæ, villosæ, pedunculis breviores. Pedunculus medio bibracteatus, paulò infra apicem articulatus, pubescens, ascendens vel patulus, demùm subreflexus; bracteæ multipartito-ciliatæ, stipulis consimiles. Calyx 5-partitus, pubescens, subinæqualis; divisuris distantibus, lineari-lanceolatis, acutis, pinnatifido-ciliatis; pinnis paucis, subdistantibus, setas referentibus, longiusculis, subteretibus, obtusiusculis, pubescentibus. Petala 5, hypogyna, valdè inæqualia, basi viridia et apice violacea aut cæruleo-violacea vel albo cæruleoque variegata, persistentia: superiora 2 ovato-elliptica, obtusa, apice subrecurva, medio pubescentia trinerviaque: lateralia 2 majora, ovato-lanceolata, basi lata, obliqua, falcata, obtusiuscula, 4-nervia, medio pubescentia, marginibus glabra: inferius calyce 3-plò longius, unguiculatum, basi concavo-saccatum, pubescens; ungue canaliculato, 3-nervio, pubescente, supra basin 2-auriculato; laminâ suborbiculari, vix cuspidatâ, diametro circiter 2 l. Antheræ 5, sessiles, basi apiceque subcoalitæ, in processum rufum membranaceum desinentes, 2-loculares, anticæ, longitrorsùm dehiscentes, persistentes : superiores 3 subirregulares, medio dorso pubescentes, processu irregulariter ovato, obtuso, lobis subæquali : inferiores 2 irregulares, obliquæ, dorso medio pubescentes, supra appendicem connectivi villosæ; connectivo basi in appendicem glabram scrotiformem producto in bâsi concavâ petali superioris reconditam; processu terminali obliquè truncato. Stylus curvatus, figuram S referens, apice incrassato truncatus, glaber, persistens. Stigma laterale, vix manifestum. Ovarium ovatum, 3-gonum, glabrum, 1-loculare, 18-spermum. Capsula vestita calyce petalis staminibusque persistentibus, ovata, 3-gona, glabra, 3-valvis; valvulis navicularibus. Semina ovata, vix punctata, glabra, atra, nitida; chalazâ terminali truncato-concavâ; carunculâ arillari minimâ, triangulari, albâ. Ombilicus sublateralis. Integumentum duplex; exterius crustaceum, interius tenue, membranaceum. Perispermum carnoso-succulentum. Embryo rectus : cotyledones planæ, radiculâ breviores : radicula teres, obliquè umbilicum ferè attingens.

Habitat in cultis sylvisque cæduis dictis *Capueiras* in provinciis *Rio de Janeiro* et *Minas Geraes*. Floret toto ferè anno.

Obs. Cette plante paroît avoir de grands rapports avec l'*I. parietariæfolium* DC. Cependant il me paroît impossible qu'il y ait identité; car dans ma plante les divisions calicinales ne peuvent pas être dites simplement ciliées, et si le *parietariæfolium* eût été mon *setigerum*, M. de Gingius l'auroit certainement rapporté à son *Pombalia*. Au reste, les rapports des deux plantes prouvent encore la nécessité de confondre les genres *Pombalia* et *Ionidium*.

3. Ionidium sylvaticum. †

Caule suffruticoso, pubescente; foliis alternis, intermediis ovatis, acuminatis, acutis, dentatis, basi integerrimis, puberulis; stipulis parvis, linearibus, integerrimis; calycinis laciniis lineari-lanceolatis, acuminatis, acutis, integerrimis; filamentis lobis antheræ subæqualibus; antherarum superiorum connectivo pubescente.

Caulis suffruticosus, teres, pubescens, ramosus; ramis erectiusculis. Folia alterna, petiolata, stipulata; inferiora circiter 3 pol. longa, ovato-lanceolata; intermedia ovata, acuminata, acuta; superiora ovata vel rotundo-ovata, acuminata, acuta; omnia in petiolum decurrentia, inæqualiter serrata, basi integerrima, puberula: petiolus brevis, pubescens, subtùs convexus, suprà canaliculatus. Stipulæ parvæ, lineares, integerrimæ, dorso costatæ, pubescentes, marginibus membranaceæ. Flores penduli, axillares et abbreviatione foliorum superiorum demùm breviter racemosi terminales bracteatique; bracteis pedunculo brevioribus, petiolatis, stipulatis, pubescentibus. Pedunculus solitarius, circiter 4 l. longus, curvatus, apice crassior, pubescens, supra medium 2-bracteatus; bracteis minutis, ovatis, acutis, pubescentibus. Calyx 5-partitus, pubescens, vix inæqualis; laciniis nec planè solutis nec inferiùs productis, lineari-lanceolatis, acuminatis, acutis, medio dorso costatis, marginibus membranaceis. Petala 5, manifestè perigyna, valdè inæqualia, dilutissimè cærulea : superiora 2 minora, erecta, subirregularia, linearia, obtusa, apice submucronulata, tenuia, uninervia, glabra : lateralia 2 irregularia, ovato-lanceolata, acuminata, obtusa, obliqua, 4-nervia, glabra, calyce manifestè longiora : inferius maximum, unguiculatum, externè pubescens; ungue canaliculato, basi concavo, apice angustato; laminâ circiter 3 l. latâ, 2 l. longâ, subrhombeâ, breviter cuspidatâ. Stamina 5, perigyna, inæqualia : superiora 3, subirregularia, glabra; filamentis complanatis, angustis, lobis antheræ subæqualibus; antheris lineari-ellipticis, anticis, 2-locularibus, longitrorsùm dehiscentibus, in membranam productis semi-ellipticam obtusam fulvam terminalem; connectivo nudo : inferiora 2 irregularia; filamentis complanatis, angustis, lobis antheræ inæqualibus; antheris ovato-linearibus, basi subcordatis; lobis subinæqualibus; connectivo pubescente, basi producto in appendicem filamento subæqualem, complanatam, incurvam, descendentem, in basi petali superioris reconditam; processu terminali, irregulari, obliquo, hinc apice retuso, fulvo. STYLUS glaber, basi attenuatus, curvatus, persistens. STIGMA obliquum, subcapitatum, truncatum. OVARIUM globoso-ovatum, glabrum. CAPSULA calyce petalis staminibusque persistentibus vestita, globoso-ovata, 3-gona, glabra, 1-locularis, 3-valvis; valvulis patulis, navicularibus, medio 6-spermis. SEMINA ovato-globosa, apice chalazâ concavâ notata, lævia, glabra. UMBILICUM subterminalis : caruncula minima triangularis versùs umbilicus. INTEGUMENTUM duplex; exterius crustaceum, interius membranaceum.

Affinis *Ionidio communi*.

Inveni in sylvis propè prædium *Cana braba* circiter 14 l. ab urbe dicta *Villa do principe*. Florebat Aprili.

4. IONIDIUM GUARANITICUM. †

I. caule suffruticoso, glabro; foliis lanceolatis, acuminatis, glabris; stipulis parvis, linearibus, membranaceis, glabris; laciniis calycinis oblongo-lanceolatis, acuminatis, acutis, integerrimis.

CAULIS suffruticosus, erectus, teres, ramosus, glaber; ramis apice vix puberulis. FOLIA alterna, stipulata, petiolata, 2½ pol. longa, 12-15 l. lata, lanceolata, plùs minùsve acuminata, in petiolum decurrentia, dentata, utrinquè glabra; superiora quædam quæ *bracteæ* vocari possunt lineari-lanceolata. PETIOLUS 4-5 l. longus, subpubescens, subtùs convexus, suprà canaliculatus. STIPULÆ geminæ, laterales, parvæ, lineares, membranaceæ, medio costatæ, vix pubescentes. FLORES penduli, axillares, solitarii, albi. PEDUNCULUS circiter 4 l. longus, curvatus, subpubescens, articulatus, supra medium 2-bracteatus; bracteis minimis, suboppositis, ovatis, membranaceis. CALYX profundè 5-partitus, inæqualis; laciniis oblongo-lanceolatis, acuminatis, acutis, integerrimis, margine membranaceis, dorso costatis, glabris. PETALA 5, perigyna, valdè inæqualia, glaberrima : superiora 2 irregularia, ovata, acuminata, obtusa, tenuia, medio uninervia : lateralia 2 irregularia, obliqua, ovata, acuminata, apice crassiusculo subrotunda, 4-nervia : inferius maximum, unguiculatum; ungue canaliculato, basi latiore concavo, apice angustato; laminâ circiter 3 l. longâ, suborbiculari, crenulatâ. Stamina 5, perigyna, cum petalis alternantia apice coalita : 3 superiora, subconformia, subregularia; filamento brevi; antherâ lineari, basi sagittatâ, in membranam fulvam rotundam apice productâ : inferiora 2 irregularia; filamento brevi; antherâ lineari, basi sagittatâ; connectivo piloso, basi producto in appendicem semicircularem descendentem; processu terminali inæquilatero, subrotundo, obliquè retuso. Stylus vix incrassatus, hinc canaliculatus, apice valdè incrassato concavus. Stigma ad parietem partis styli concavæ. Capsula vestita calyce petalis staminibusque persistentibus, ovata, glabra, 1-loc., olygosperma, 3-valvis; valvulis medio seminiferis. Semina ovata, glabra : chalaza terminalis, truncato-concava. Umbilicus subterminalis : caruncula minima triangularis albida versùs umbilicum. Integumentum duplex; exterius crustaceum; interius membranaceum.

Crescit in sylvulis ad ripas fluminis *Ibicui*, in provinciâ dictâ *Missoes*. Florebat Februario.

5. Ionidium bicolor. †

I. villosum; caule suffruticoso, subsimplici; foliis alternis, lanceolatis, acutis, inæqualiter dentatis, basi cuneatâ integerrimis; stipulis linearibus, integerrimis; racemis terminalibus simulque sæpè axillaribus; pedicellis ebracteatis; calycinis laciniis integris, valdè inæqualibus.

Caulis suffruticosus, 8-15-pollicaris, erectus, villosus, simplex vel raro ramosus. Folia alterna, brevissimè petiolata, circiter 24-30 l. longa, 12 l. lata, lanceolata, acuta, inæqualiter dentata, basi subcuneatâ integerrima, utrinquè villosa; superiora gradatìm minora : petiolus circiter 2 l. longus, villosus. Stipulæ lineares, acutiusculæ, integerrimæ, villosæ, circiter 3 l. longæ. Flores racemosi, terminales simulque sæpè axillares, bracteati, pedicellati, nutantes, cærulei cum maculà luteâ ad basin laminæ petali inferioris; racemorum rarissimè bini. Racemorum terminalium bracteæ inferiores subdistantes, foliis subconformes, pedunculo longiores ; intermediæ sublineares, erectæ, remotè dentatæ vel subintegerrimæ, stipulatæ, brevissimè petiolatæ, pedunculo breviores; superiores parvæ, angustæ, lineares, acutæ, integerrimæ. Racemi axillares, in individuis debilioribus nulli; adstantes pedunculati, flore solitario pedicellato sæpiùs comitati : pedunculus 2½-5 pol. longus, medio vel infra medium bracteatus; bracteà lineari-lanceolatâ, brevissimè petiolatâ, stipulatâ, circiter 3 l. longâ, subdentatâ, villosâ. Pedicelli circiter 4-8 l. longi, apice præcipuè villosissimi, supra medium articulati, ebracteati. Calyx 5-partitus, valdè inæqualis; laciniis integris, 3-nerviis, villosis, margine membranaceis ; inferioribus 4 basi ovatis, longè acuminatis, acutis, falcatis; superiore breviore, ovatâ, acuminatâ, rectâ. Petala valdè inæqualia : superiora 2 irregularia, subovato-linearia, obtusa, 3-nervia, submembranacea : intermedia 2 valdè irregularia, obliqua, basi ovatà glabra, dein angustata, apice subtùs pubescente et crassiore subspathulata, 3-nervia : inferius unguiculatum, subtùs pubescens; ungue canaliculato, 3-nervio, basi latiore concavo, apice angustato; laminâ 4 l. longâ, 8 l. latâ, transversè ellipticâ, lateribus obliquè obtusâ, apice truncatâ, medio quandoquè breviter cuspidatâ. Antheræ 5, subsessiles, perigynæ, anteriùs subpilosæ, inæquales; superiores 3 subirregulares lineari-ellipticæ, dorso glabræ, virides, apice productæ in membranam ovato-linearem obtusissimam obscurè fulvam dimidiis loculamentis longiorem : inferiores 2 irregulares, lineari-ellipticæ, dorso villosæ; connectivo in appendicem brevem descendentem obtusam producto, in basi petali superioris recondito ;

processu terminali membranaceo, antheræ æquali, lineari, apice inæqualiter 2-dentato. Stylus figuram S referens, basi angustior, apice valdè incrassato obliquus, glaber. Stigma ad extremitatem styli obliquam truncatam concavam inferiùsque breviter productam. Ovarium ovatum, glabrum. Capsula cincta calyce petalis staminibusque persistentibus, ovata, 3-gona, glabra, 1 loc., polysperma; valvis patulis, navicularibus, medio seminiferis. Semen parvum, obovatum, apice truncato subconcavum (chalaza), nigrum, nitidum, per madefactionem mucilagine illinitum. Integumentum duplex; exterius crustaceum; interius tenuissimum. Umbilicus sublateralis : caruncula minima albida ad umbilicum. Perispermum carnoso-succulentum, album. Embryo viridis, rectus, axilis : cotyledones orbiculares, planæ : radicula teres, acutiuscula, cotyledonibus subbrevior, obliquè umbilicum ferè attingens.

Crescit in pascuis provinciæ Missionum, præcipuè propè pagos S. Nicolai et S. Ludovici. Florebat Februario.

6. Ionidium album. †

I. caule suffruticoso, diffuso, pubescente; foliis alternis, lanceolatis, utrinquè acutis, tenuiter serratis, ciliatis; stipulis scariosis; pedunculis ebracteatis; laciniis calycinis lanceolato-oblongis, acuminatis, integerrimis, hirtellis, ciliatis.

Caulis suffruticosus, semipedalis, ascendens sive erectus, à basi ramosus, pubescens, infernè glabratus; ramis diffusis, pubescentibus, apice molliter hirsutis. Folia 8-14 l. longa, 4-6 lata, alterna, petiolata, stipulata, lanceolata, utrinquè acuta, tenuiter serrata, basi integerrima, pilosiuscula, ciliata : petiolus circiter 2 l. longus, subtùs convexus, suprà canaliculatus, hirsutus. Stipulæ circiter 2 l. longæ, lineari-acutæ, scariosæ, medio nervosæ, ciliatæ, persistentes. Flores axillares, nutantes, albi. Pedunculi filiformes, circiter 6 l. longi, ebracteati, infra apicem subcrassiorem articulati. Calyx profundè 5-partitus, inæqualis, hirtellus; laciniis lanceolato-oblongis, acuminatis, 3-nerviis, ciliatis, membranaceis, conspersis glandulis quibusdam oblongis et luteis. Petala 5, valdè inæqualia, alba : superiora 2 calyce dimidio breviora, elliptica, obtusissima, uninervia, tenuia, apice vix pilosa : intermedia subfalcata, basi irregulariter ovata, medio angustiora, apice lanceolata : inferius unguiculatum, ascendens; laminâ 3 l. longâ, $2\frac{1}{2}$ latâ, subrhombeâ, apice obtusissimâ, lateribus rotundatâ, infrà pilosâ; ungue lineari, 3-nervio, basi haud concavo, apice angustato. Stamina 5, inæqualia : superiora 3, valdè approximata, glabra; filamentis lobis antheræ triplò brevioribus multòque angustioribus, complanatis; antheris suborbicularibus, glabris, marginibus coalitis; processu terminali membranaceo, subovato, obtuso, pallidè fulvo : inferiora 3 à cæteris remota, minora; filamentis brevissimis; antheris inæquilateris, dorso pubescentibus; processu obliquo, pubescente. Stylus figuram S referens, à basi ad apicem crassior, apice obliquo subbilabiatoque concavus. Stigma ad parietem partis styli concavæ. Ovarium ovato-globosum, glabrum. Capsula vestita calyce petalis staminibusque persistentibus, ovata, 3-gona, angulis crassior, glabra, 1-loc.; valvulis patentibus, navicularibus, medio 5-6-spermis. Semina ovato-globosa, glabra, apice notata chalazâ concavâ.

Inveni in sylvis primævis propè præsidium dictum *S. Miguel da Jiquitinhonha*, ad fines boreales provinciæ *Minas Geraes*. Florebat Junio.

7. Ionidium scariosum. †

I. caule suffruticoso; ramis hirsutis; foliis alternis, lanceolatis, acuminatis, acutissimis, serratis, basi integerrimis, villosis; stipulis lineari-lanceolatis, valdè scariosis; laciniis calycinis, oblongo-linearibus, obtusis, pinnatifidis, apice integerrimis, hispidis.

Caulis suffruticosus, pedalis, subtortuosus, teres, basi glabratus, parùm ramosus; cortice pallido; ramis hirsutis. Folia alterna, petiolata, cum petiolo circiter 3 pol. longa, 9 l. lata, lanceolata, acuminata, acutissima, serrata, basi integerrima, in petiolum decurrentia, utrinquè villosa, ciliata : petiolus brevis, infrà convexus, suprà canaliculatus, hirsutus. Stipulæ circiter 5 l. longæ, lineari-lanceolatæ, acuminatæ, integerrimæ, scariosæ, medio dorso costatæ et hirsutæ, persistentes. Flores pedunculati, solitarii, axillares simulque in apice caulis et ramorum racemoso-corymbosi, valdè coarctati et bracteis intermixti scariosis linearibus acutis ciliatis; nervo medio proeminente. Pedunculi curvati, hirsuti, supra medium 2-bracteati; bracteis oppositis, linearibus, acutis, ciliatis. Calyx 5-partitus, inæqualis; laciniis oblongo-linearibus, obtusis, pinnatifidis, apice integerrimis, hispidis. Petala 5, subperigyna, valdè inæqualia : inferiora 2 oblongo-linearia, obtusa, erecta, medio costata pilosaque, calyce dimidiò breviora : lateralia 2, superioribus paulò longiora, ovato-linearia, irregularia, obliquè acuminata, obtusa, 3-nervia, apice piloso violacea : inferius unguiculatum; ungue canaliculato, basi dilatatâ concavo, apice angustato; laminâ suborbiculari, obtusâ, 3-nerviâ, suprà glabrâ, subtùs villosâ versùsque apicem pilosâ. Stamina 5, subperigyna, inæqualia, apice coalita : superiora 3, subregularia; filamentis angustis, complanatis, glabris, antherâ longioribus; antheris lineari-ellipticis, glabris, in membranam productis terminalem suborbicularem aurantiacam : inferiora 2; filamentis glabris, ab apice usquè ad medium incrassatis, gibbosis, irregularibus, lineari-ellipticis, inæqualibus, obliquis, in membranam productis terminalem, acutiusculam, obliquam, aurantiacam; connectivo villoso, absque appendice. Stylus subcurvatus, apice obliquo incrassatus. Stigma obliquum, subbilobum. Ovarium ovatum, 3-gonum. Capsula calyce corollâ staminibusque persistentibus cincta, ovata, 3-gona, glabra, 1-loc., 3-valvis; valvulis patulis, navicularibus, medio 4-spermis. Semina parva, ovato-globosa, subcompressa, utrinquè attenuata, apice truncato subconcava (chalaza). Umbilicus sublateralis : caruncula vix ulla. INTEGUMENTUM duplex; exterius crustaceum, interius membranaceum. PERISPERMUM carnoso-succulentum, lutescens. EMBRYO rectus, axilis : cotyl. orbiculares : radicula cotyledonibus longior, teres, subacuminata, umbilicum ferè attingens.

Inveni in provinciâ *Minas Geraes*, propè *Itajuru de S. Miguel de Mato dentro*. Florebat Januario.

8. IONIDIUM VILLOSISSIMUM. †

I. caule suffruticoso, villosissimo; foliis alternis, lanceolatis, utrinquè acutis, serratis, villosis; stipulis integerrimis, scariosis; calycinis laciniis pinnatifidis, hirsutissimis; petalo inferiore maximo, subsemiorbiculari, cuspidato, basi obliquè truncato.

CAULIS suffruticosus, teres, apice præcipuè villosissimus, basi glabratus, ramosus. FOLIA alterna, stipulata, petiolata, patula, circiter 20 l. longa circiterque 9 l. lata, lanceolata, utrinquè acuta, serrata, imâ basi integerrima, in petiolum decurrentia, subtùs præcipuè villosa, marginibus ciliata; superiora villosissima, sericea : petiolus 3 l. longus, subtùs concavus, suprà canaliculatus. STIPULÆ geminæ, laterales, 3 l. longæ, ovato-lanceolatæ, acuminatæ, acutæ, integerrimæ, scariosæ, nervo dorsali præditæ, villosissimæ. FLORES solitarii, axillares, cernui. PEDUNCULUS folio longior, bibracteatus, villosissimus; bracteis 4 l. longis, linearibus, angustissimis, acutissimis, scariosis, uninerviis, villosis. CALYX 5-partitus, inæqualis, hirsutissimus; laciniâ superiore lineari, carinatâ; lateralibus 2 ovato-lanceolatis; inferioribus 2 lineari-lanceolatis; omnibus acuminatis, acutis, pinnatifidis; pinnis angustis, subdistantibus, apice glanduloso truncatis. PETALA 5, valdè inæqualia : superiora 2 irregularia, calyce dimidiò breviora, linearia, obtusa, falcata, apice barbata : lateralia 2 calyce longiora, lineari-spathulata, obtusa, apice villosa : inferius maximum, unguiculatum, infrà villosum; ungue canaliculato, basi concavo; laminâ circiter 7 l. latâ, 6 l. longâ, subsemiorbiculari, basi obliquè truncatâ, in unguem subdecurrente, apice cuspidatâ. Stamina 5, libera, valdè distantia : superiora 3 similia; filamento lobis antheræ subbreviore, complanato, glabro ; antherâ complanatâ, subangustâ, lineari-ellipticâ, glabrâ, in membranam desinente paulò latiorem, ovatam, obtusam, fulvam : inferiora 2 superioribus submajora ; filamento lobis antheræ breviore, complanato, extùs barbato, paulò infra apicem gibboso ; antherâ complanatâ, lineari-ellipticâ, glabrâ, in membranam desinente paulò latiorem ovatam obtusam fulvam. Stylus valdè curvatus, figuram S referens, apice incrassato globosus, glaber. Stigma ad parietem partis styli concavæ, ad petala superiora subspectans. Ovarium globosum, villosum. Fructum non vidi.

Crescit in provinciâ *Minas Geraes.*

9. Ionidium Ipecacuanha.

I. foliis alternis, lanceolato-ovatis, serratis, utrinquè acutis ; stipulis ovato-lanceolatis, acutis, membranaceis, medio nervosis ; calycinis divisuris semipinnatifidis ; petalo inferiore maximo, transversè elliptico.

Ionidium Ipecacuanha. *Aug. de S. Hil. Plant. us. Bras. n°.* xi. — *Sims. Bot. Mag. n°.* 2453.

Ipecacuanha branca. *Pis. Mat. Bras.* 101.

Calceolaria caule simplici, hirsuto ; floribus axillaribus. *Lœfl. It.* 184.

Viola grandiflora veronicæ folio villoso. *Bar. Æquin.* 113.

Viola calceolaria *et* Ipecacuanha. *Lin. Sp. pl.* 1327 *et Mant.* 484.

Viola Itoubou. *Aub. Guy.* 2, *p.* 808, *tab.* 318.

Ionidium Ipecacuanha *et* calceolaria. *Vent. Malm. p.* 28 et 27.

Pombalia Ipecacuanha. *Vandell. Fasc.* 7, *t.* 1.

Ionidium Itubu. *Kunth. Nov. gen. vol.* v, *t.* 496.

Pombalia Itubu. *Gin. in DC. Prod. vol.* 1, *p.* 307.

Nom. Vulg. (propè *Cabo Frio* et urbem dictam *Villa de S. Salvador de Campos*) Poaya da praya; Poaya branca.

Var. β (*indecorum, Aug. de S. Hil. Mem. Mus. vol. IX*) corollâ calyce duplò breviore, inclusâ, glabrâ; filamentis 3 sterilibus (1).

10. Ionidium poaya.

I. hirsutissimum; caule suffruticoso; sæpiùs simplici; foliis alternis, subsessilibus, ovatis, basi subcordatis, acutiusculis, obsoletè dentatis; stipulis linearibus, scariosis, integerrimis, vix manifestis; petalo inferiore maximo, latè obcordato; filamentis externè apice barbatis; antherarum processu membranaceo minimo.

Ionidium Poaya. *Aug. de S. Hil. Plant. us. Bras. n°.* IX.

N. Vulg. Poaya do campo.

Radix emetica.

Frequens in campis partis occidentalis provinciæ *Minas Geraes* partisque australis provinciæ *Goyaz*; præcipuè propè urbem *Paracatu* et vicos *S. Luzia de Goyaz* et *Meiaponte*. Floret Aprili-Augusto.

11. Ionidium lanatum. Tab. XXVII, A. ÷

I. lanatum; caule simplici; foliis alternis, intermediis ellipticis, obtusis, breviter cuspidatis, integerrimis; stipulis lineari-subulatis, integerrimis, scariosis; petalo inferiore maximo, latè cordato; filamentis antheræ lobis longioribus.

Suffrutex omninò lanatus, lutescens, subnitidus : pili stellati;

(1) M. Sims dit que l'*Ionidium indecorum* n'est qu'une variété de l'*I. Ipecacuanha.* Il aura vu dans *mon Histoire des plantes les plus remarquables du Brésil et du Paraguay* (1, p. 45) que je partageois son opinion même avant d'avoir lu son article sur cette plante. Si le même auteur avait eu sous les yeux mes échantillons et ceux de Cayenne qui existent à Paris, il n'auroit certainement eu aucun doute sur l'identité de l'*I. Ipecacuanha* et de l'*Itoubou* d'Aublet. Il est au reste flatteur pour moi, que tout incomplet qu'étoit mon premier article sur l'*I. Ipecacuanha* (*Mem. Mus.* IX) le savant Anglais en eût pu tirer parti.

pilorum ramis è tuberculo communi enatis; uno multò longiore; cæteris tenuioribus, subcrispis. CAULIS 5-9-pollicaris, solitarius, erectus, simplex. FOLIA alterna, stipulata; inferiora minima, squamæformia, sublanceolata, scariosa, plùs minùsve approximata, quandoquè conferta, sessilia, circiter 10 l. longa; intermedia elliptica, obtusa, brevissimè cuspidata, integerrima, breviter petiolata; superiora gradatìm minora, imbricata, sessilia, oblongo-lanceolata, cuspidata, integerrima; nervo medio in omnibus hinc et indè proeminente. STIPULÆ angustæ, lineari-subulatæ, integerrimæ, scariosæ. FLORES axillares, solitarii, nutantes, dilutè cærulei. PEDUNCULUS folio paulò longior aut brevior, apice crassiore curvatus, supra medium 2-bracteatus; bracteis oppositis aut alternis, circiter 1-2 l. longis, lineari-subulatis, angustis, scariosis. CALYX 5-partitus; laciniis inæqualibus, lineari-lanceolatis, acuminatis, acutissimis, integerrimis, dorso costatis; superioribus 2 minùs profundis. PETALA 5, subperigyna, valdè inæqualia : superiora 2 calyce vix longiora, irregularia, oblonga, acuminata, obtusa, tenuia, uninervia; nervo piloso; acumine villoso : lateralia 2 calyce dimidiò longiora et ampliùs, unguiculata; ungue ovato-3-angulari, hinc auriculato, apice angustato, tenui, 5-nervio, nervis villoso; laminâ cuneiformi, apice truncato eroso-dentatâ, subtùs villosâ : inferius maximum, unguiculatum, calyce circiter 4-plò majus; ungue sublineari, canaliculato, basi dilatatâ concavo, apice angustato, 4-nervio, subtùs villoso; laminâ circiter 9 l. latâ, 3½ l. longâ, latè cordatâ, lateribus rotundâ, integerrimâ, subtùs villosâ. STAMINA 5, subperigyna, inæqualia, subdistantia, libera : superiora 3, subsimilia; filamentis complanatis, angustis, glabris, antheræ lobis longioribus; antheris complanatis, ovato-ellipticis, basi bilobis, dorso subpilosis, in membranam desinentibus brevem irregularem albam pellucidam : inferiora 2; filamentis incurvis, supra medium gibbis, villosis; antheris ovatis, obtusis, dorso villosis, apice barbatis, in membranam breviusculam desinentibus irregularem albam pellucidam : antheræ omnes colore stramenti, immobiles, anticæ, longitrorsùm dehiscentes. STYLUS curvatus, figuram S referens, complanatus, ultra medium anteriùs villosus, apice obliquo et concavo incrassatus. STIGMA ad parietem partis styli concavæ et ad petalum maximum spectans. OVARIUM ovato-globosum, villosissimum, 1 loc., 15-sp. : ovula parietalia, placentis 3 affixa. Fructum non vidi.

Inveni in campis herbidis arenosisque propè *Tejuco* adamantium; alt. circiter 3715 ped. Florebat Octobre.

V. β *dentata*; foliis inferioribus dentatis vel obsoletè dentatis.

Crescit in campis herbidis prædioli *Retiro* propè pagum *Contendas* in deserto fluminis S. Francisci. Florebat Septembre.

12. IONIDIUM NANUM. † Tab. XXVII, B.

I. caule nano; foliis alternis, superioribus quandoquè subpositis, lanceolatis, acutiusculis, dentatis, basi integerrimis, pubescentibus vel pilosis; petiolo hirsuto; stipulis parvis, linearibus, acutis; laciniis calycinis lanceolatis, acuminatis, integerrimis, hirtellis.

CAULIS suffruticosus, circiter 2-3 pol. longus, gracilis, simplex vel basi ramosus, pilosus aut villosus. FOLIA alterna, superiora quandoquè subopposita, stipulata, petiolata, lanceolata, apice acutiuscula, basi acuta, dentata, basi integerrima, pubescentia vel pilosa : petiolus circiter 3 l. longus, subtùs convexus, suprà canaliculatus, hirsutus. STIPULÆ geminæ, laterales, parvæ, lineares, acutæ, scariosæ. FLORES axillares, nutantes. PEDUNCULUS circiter 3-4 l. longus, hirtus, curvatus, 2-bracteatus; bracteis parvis, suboppositis, scariosis, apice barbatis. CALYX profundè 5-partitus inæqualis, hirtellus, laciniis lanceolatis, acuminatis, integerrimis, 3-nerviis. PETALA perigyna, inæqualia, alba, basi lutea : superiora 2 brevia, lineari-elliptica, obtusissima, concava, glaberrima : lateralia 2 unguiculata, irregularia, longiuscula; ungue latiusculo; laminâ obliquâ, obtusâ : inferiùs maximum, unguiculatum ; ungue canaliculato lineari; laminâ 2 l. longâ, $3\frac{1}{2}$ l. latâ, transversè ellipticâ, apice truncato dentatâ, subtùs pubescente. STAMINA 5, perigyna, subæqualia, breviuscula; filamenta complanata, antheris latitudine æqualia, in staminibus inferioribus dorso gibbosa : antheræ lineares, ad faciem villosæ, anticæ, 2-loculares, longitudinaliter internè dehiscentes, in membranam subrotundam fulvam apice productæ. STYLUS breviusculus, apice dilatato concavus, subcurvatus, glaber. STIGMA ad parietem partis styli concavæ. OVARIUM globosum, glabrum. CAPSULA 3-valvis, glabra; valvulis patulis, navicularibus, medio seminiferis. SEMINA non vidi.

Inveni in pascuis siccis propè stativa dicta *Belem*, provinciâ *Rio grande do Sul*. Florebat Januario.

13. IONIDIUM PARVIFLORUM.

I. pubescens (saltem in brasiliensibus speciebus); caulibus suffruticulosis, ascendentibus, debilibus; foliis inferioribus oppositis, caulinis alternis ovato-lanceolatis serratis basi acutis; stipulis brevibus, linearibus, acutis, integerrimis; floribus parvis; petalo inferiore latè obcordato; squamulis 2 inter stamina inferiora petalumque maximum.

Ionidium parviflorum. *Vent. Malm. p.* 27. — *Rœm. et Schult. vol.* v, *p.* 392. — *Kunth. Nov. gen. vol.* v, *p.* 375. — *Gin. in DC. Prod.* 1, *p.* 310. — *Aug. de S. Hil. Plant. us Bras.* XX.

Viola parviflora. *Mutis.* — *Lin. Supp. p.* 396. — *Cav. ic. rar.* VI, *p.* 21.

Crescit in pascuis propè prædium *Fortaleza*, in parte australi provinciæ S. Pauli, ad fines indigenarum barbarorum. Floret Februario.

14. Ionidium glutinosum.

I. caulibus vix suffruticosis; foliis ovatis, profundè serratis, inferioribus oppositis, supremis alternis; stipulis lineari-subulatis, acutissimis; floribus parvulis; calyce glabro; petalo inferiore obcordato.

Ionidium glutinosum. *Vent. Malm. p.* 27. — *Rœm. et Schult. p.* 394.

Viola glutinosa. *Poir. Dict.* VIII, *p.* 39.

Radix vix crassitudine pennæ columbæ, fibrosa, dilutè cinerea. Caules 5-8-pollicares, vix suffruticosi, ascendentes seu erectiusculi, subcompressi, apice subbifariàm pubescentes, sæpiùs viscosissimi, basi præcipuè ramosi. Folia opposita, petiolata, ovata, acutiuscula, in petiolum decurrentia, profundè serrata, basi integerrima, marginibus vix puberula, circiter 1 pol. longa, 8 l. lata, gradatìm minora; superiora alterna; suprema (bracteæ) minima, vix 3 l. longa, lanceolata: petiolus 1-3 l. longus, infrà convexus, subtùs canaliculatus, glaber. Stipulæ 2-3 l. longæ, lineari-subulatæ, acutissimæ, glabriusculæ. Flores axillares et abbreviatione foliorum superiorum racemosi terminales, solitarii, nutantes, parvuli, vix $1\frac{1}{2}$ l. longi. Pedunculi filiformes, apice vix curvati, glabriusculi, ebracteati, infra apicem articulati. Calyx profundè 5-partitus, basi crassiusculus, glaber, inæqualis; laciniis ovato-lanceolatis, acuminatis, acutis, dorso costatis, margine membranaceis et violaceis. Petala 5, manifestè perigyna, erecta; superiora 2 calycem subæquantia, ovato-oblonga, obtusiuscula, uninervia, glabra, ad margines dilutè violacea; intermedia 2 irregulariter ovata, breviter acuminata, obtusa, subfalcata, glabra, ad margines violacea; inferius calyce ferè duplò longius, unguiculatum, ascendens; ungue 3-nervio, lineari, canaliculato, basi vix concavo, apice subangustato, intùs pubescente, luteo; laminâ obcordatâ, albâ. Glandulæ 2, perigynæ, inter petalum inferius staminaque inferiora insertæ, cum iisdem et inter se basi coalitæ, sub 3-angulares, obtusæ. Antheræ 5, cum petalis alternantes, subsessiles, complanatæ, subovatæ, inæquales, glabræ, apice in membranam croceam ovato-3-angularem obtusam productæ, anticæ, 2-loculares, longitrorsùm internè dehiscentes; inferiores minores, approximatæ, processu obliquo. Stylus figuram S subreferens, complanatus, basi angustatus, subuncinatus, apice multò crassior lateraliterque truncatus. Stigma ad extremitatem truncatam styli petalumque maximum spectans. Ovarium ovatum, glabrum, 1-loc., 6-spermum. Capsula cincta calyce petalis antherisque persistentibus, ovato-globosa, glabra, 3-valvis; valvulis navicularibus, patulis, medio seminiferis. Semina ovato-globosa, subangulata, apice chalazâ notata concavâ. Umbilicus sublateralis.

Inveni in parte australi provinciæ *Rio grande do Sul* ad margines sylvularum propè prædia *Tapeira* et *Gerebatuba*, et in provinciâ Cisplatinâ in monte dicto *Paó de Assucar*. Florebat primo vere (Septembre, Octobre).

15. Ionidium oppositifolium.

I. caule suffruticoso, brachiato; foliis oppositis, subesssilibus, lanceolato-linearibus, remotè serratis, apice integerrimis, marginibus scabris, stipulis subulatis; floribus racemosis; calyce glabro.

Ionidium oppositifolium. *Rœm. et Schult. Syst.* v, *p.* 395.

Viola oppositifolia. *Linn. Sp.* 1327. — *Wild. Sp.* 1, *p.* 1172.

Radix sæpiùs crassiuscula, pallidè cinerea. Caules sæpiùs plures, 5-12 pol. longi, suffruticosi, teretes, puberuli seu glabri aut basi puberuli et apice glabri. Folia opposita, stipulata, brevissimè petiolata, patula, lanceolato-linearia, acuta, basi rotundâ serrata serraturis distantibus superioribus obsoletis, apice integerrima, marginibus scabra; intermedia majora, circiter 2 pol. longa, 4 l. lata: petiolus circiter 1 l. longus, subtùs convexus, suprà canaliculatus, puberulus. Stipulæ subulatæ, acutissimæ, scariosæ. Racemi terminales, brevissimè bracteati, subsessiles, 2-3 pol. longi, sæpiùs basi stipati pedunculis 2 solitariis : bracteæ vix 1 l. longæ, subulatæ, glabræ, stipulatæ; stipulis minimis, ovato-subulatis, acutis. PEDICELLI solitarii, filiformes, glabri, patentes, sæpiùs ebracteati aut rarò paulò suprà basin 2-bracteolati, infra apicem articulati, circiter 4 l. longi, infra articulationem persistentes. CALYX 5-partitus, subinæqualis, glaberrimus; laciniis ovato-lanceolatis, acuminatis, acutis, basi glandulosâ subgibbosis. PETALA 5, perigyna, glabra, violacea; superiora 2 ovato-elliptica, acuta, 1-nervia, tenuia, glabra, apice reflexa, calyce sublongiora; intermedia 2 ovato-oblonga, subfalcata, 3-nervia, apice in laminam minimam subovatam villosam producta; inferius calyce 5-tuplò longius, ascendens, unguiculatum, glabrum; ungue basi latiore concavo, 3-nervio, apice angustato; laminâ transversè ellipticâ, lateribus rotundâ, $2\frac{1}{2}$ l. latâ, $1\frac{1}{2}$ longâ. Stamina 5, perigyna, glabra, inæqualia, inferiora 2 approximata : filamenta brevissima, complanata, in staminibus superioribus minora, apice producta in squamulam semiorbicularem ascendentem : antheræ basi affixæ, complanatæ, ellipticæ, inæquilaterales, apice productæ in membranam fulvam ovato-orbicularem. STYLUS figuram S referens, compressiusculus, glaber, apice incrassato certè uncinatus. OVARIUM subglobosum, glabrum. CAPSULA vestita calyce petalis staminibusque persistentibus, glabra, 1-loc., 3-valvis, circiter 6-sperma; valvulis navicularibus, patulis, medio 2-spermis. SEMINA ovato-globosa, compressiuscula, subangulata, basi acuta, chalazâ obsoletè concavâ apice notata, glabra, atra. UMBILICUS certè terminalis; funiculo minimo, subgloboso. INTEGUMENTUM exterius crustaceum.

Inveni in vadis arenosis fluminis *Jiquitinhonha* ad fines provinciarum *Bahia* et *Minas Geraes*. Florebat Junio.

Valdè affine Ionidio stricto, sed distinctissimum.

16. Ionidium bigibbosum. † Tab. XXVII, D.

I. caule fruticoso; foliis oppositis, oblongo-lanceolatis, acuminatis, obsoletè dentatis, glabris; nervo medio pubescente; floribus omnibus axillaribus; calycinis laciniis integerrimis, tenuiter ciliatis; petalo inferiore basi bigibboso.

Frutex 4-6-pedalis; caule gracili, à basi ramoso; ramulis pubescentibus. Folia opposita, stipulata, breviter petiolata, $3\frac{1}{2}$ pol. longa, $1\frac{1}{2}$ pol. lata, oblongo-lanceolata vel lanceolata, acuminata, subobsoletè dentata, mollia, glabra, ramea sæpè 5-plò minora; nervo medio subtùs pubescente: petiolus circiter 2-3 l. longus, subtùs convexus, suprà canaliculatus, pubescens. Stipulæ lineari-subulatæ, angustissimæ, integerrimæ, pubescentes, subscariosæ, valdè caducæ. Flores omnes axillares, solitarii, penduli. Pedunculi circiter 7 l. longi, filiformes, 2-bracteati, supra bracteas articulati, pubescentes, floriferi apice curvati, fructiferi recti, infra articulationem persistentes: bracteæ minimæ, sæpiùs alternæ, lineares, acutæ, angustæ, pubescentes, subscariosæ. Calyx 5-partitus, inæqualis; laciniis sublineari-lanceolatis, acuminatis, acutis, tenuiter ciliatis, margine membranaceis. Petala 5, valdè inæqualia: superiora 2 calyce ferè 2-plò longiora, erecta, tenuissimè ciliata, 3-nervia, subviridia: intermedia 2 latiora, vix longiora, plùs minùs irregularia, ovata, acuminata, obtusa, subfalcata, 3-nervia, tenuiter ciliata: petalum inferius calyce ferè 4-plò majus, unguiculatum, glabrum; ungue canaliculato, 3-nervio, apice angustato, basi latiore concavâque externè 2-gibboso, intùs foveis 2 excavato; laminâ ovato-oblongâ, obtusâ, glabrâ. Antheræ 5, sessiles, inæquales, complanatæ, oblongo-lineares, ad faciem basi pubescentes, in membranam ovato-obtusam croceam lobis vix breviorem apice productæ, immobiles, 2-loculares, anticæ, longitrorsùm dehiscentes: inferiores 2 dorso villosæ; connectivis in appendicem crassam, obtusam, basi productis; appendicibus in foveis petali inferioris reconditis. Stylus figuram S referens, apice obliquo incrassatus, obtusus nec concavus, glaber. Stigma brevissimum, acutum, petalum inferius spectans. Ovarium ovatum, sub5-gonum, glabrum, polyspermum. Capsula vestita calyce petalis staminibusque persistentibus, ovato-globosa, 3-gona, angulis crassior, glabra, olygosperma, 1-loc., 3-valvis; valvulis patulis, navicularibus, medio seminiferis. Semina ovato-globosa, subangulata, apice notata chalazâ concavâ, lævia, glabra. Umbilicus subterminalis. Integumentum exterius crustaceum.

Crescit in sylvis primævis propè urbem *S. Carlos* in provinciâ S. Pauli. Florebat Octobre.

17. Ionidium atropurpureum. †

I. caule suffruticoso; foliis inferioribus ovatis; superioribus lanceolatis; omnibus acuminatis, acutis, obsoletè serratis, glabris; stipulis caducis; floribus omnibus racemosis, parvulis; calycinis laciniis integerrimis, tenuiter ciliatis; petalo inferiore lateralibus vix majore.

Caulis suffruticosus, 1-2½-pedalis, simplex vel ramosus ramique apice puberula; cortex pallidè cinereus. Folia opposita, stipulata, breviter petiolata, 2½-3½ pol. longa, 1-2 pol. lata; inferiora, ovata; cætera lanceolata ovatove-lanceolata; omnia acuminata, acuta, obsoletè serrata, glaberrima, mollia: petiolus 1-2 l. longus, subtùs convexus et glaber, suprà canaliculatus puberulusque. Stipulæ parvæ, lineares, acutæ, tenuiter ciliatæ, valdè caducæ. Flores omnes racemosi, terminales, parvuli, nutantes (racemi graciles *Ribis nigri* subreferentes). Pedunculus circiter ½-1 pol. longus, teres, rachisque puberula. Pedicelli solitarii, curvati, circiter 3 l. longi, filiformes, puberuli, supra medium articulati, apice crassiores, ebracteati, basi stipati pedunculique bracteâ subulatâ angustissimâ puberulâ. Calyx 5-partitus; laciniis inæqualibus, ovatis, obtusiusculis, tenuissimè ciliatis. Petala 5, inæqualia, perigyna; superiora 2 ovato-lanceolata, obtusa, tenuiter ciliata, uninervia, calyce ferè duplò longiora, apice reflexa; intermedia 2 paulò longiora latioraque, irregulariter ovata, hinc subauriculata, obtusa, subfalcata, 3-nervia, tenuiter ciliata, viridia; inferius lateralibus vix longius, unguiculatum, canaliculatum; ungue basi concavo, laminâ latiore, suborbiculari, 2-auriculato, apice angustato, 3-nervio, tenuiter ciliato; laminâ obcordatâ, apice subcrenulatâ, crassiusculâ, glabrâ, atropurpureâ. Stamina 5, subperigyna: filamenta brevissima, complanata, basi coalita: antheræ complanatæ, subellipticæ, basi subbarbatæ, immobiles, anticæ, 2-loculares, longitrorsùm dehiscentes, in membranam apice productæ croceam subovatam obtusam lobis subæqualem: connectivum in staminibus inferioribus gibbosum. Stylus à basi ad apicem incrassatus, apice truncato obliquus. Stigma apice truncato obliquum et ad petalum inferius spectans. Ovarium ovatum, 3-gonum, glabrum, 1-loculare, olygospermum; ovula placentis 3 parietalibus affixa. Capsula vestita calyce petalis staminibusque persistentibus, globoso-ovata, 3-gona, augulis crassior, glabra, 1-loc., 9-sperma, 3-valvis; valvulis patentibus, navicularibus, medio seminiferis. Funiculus filiformis. Semina ovato-globosa, compressiuscula, subangulosa, apice notata chalazâ concavâ. Umbilicus subterminalis. Integumentum exterius crustaceum. Embryonem non vidi.

Inveni ad margines sylvarum in monte dicto *Serra da Estrada Nova* circiter 10 l. lus. à Sebastianopoli et in cultis sylvisque cæduis dictis *capueiras* propè prædium *Ubá*, provinciâ *Rio de Janeiro*. Floret Novembre-Februario.

SPATHULARIA. Aug. de S. Hil. †

Calyx parvus, 5-partitus, inæqualis, deciduus. Petala 5, basi calycis inserta, longè unguiculata, spathulata, subinæqualia, decidua; unguibus in tubum conniventibus subobliquum; laminis ellipticis. Stamina 5, ibidem inserta, cum petalis alternantia, decidua: filamenta complanata: antheræ in mucronem membranaceum apice productæ, basi affixæ, immobiles, anticæ, à lateribus longitrorsùm dehiscentes. Stylus 1, basi subangustatus, apice denticulatus. Stigma vix manifestum. Ovarium liberum, 1-loc., polyspermum : ovula subnumerosa, placentis 3 parietalibus affixa. Fructus...

Frutex. Folia alterna et opposita, simplicia. Stipulæ valdè caducæ. Pedunculi 1-4, terminales, basi bracteolati, 1-3 flori : pedicelli erecti, articulati et, quandò tres, umbellulam subconstituentes.

Observation. Le nouveau genre *Spathularia*, que j'ai déjà annoncé dans ma *Monographie des Sauvagesia et des Lavradia*, fait le passage des *Ionidium* aux *Violacées* régulières. Il a le port des *Conohoria* ; sa fleur n'est que légèrement inégale, et par conséquent il semble démontrer qu'il seroit peu naturel de conserver la tribu des *Alsodinées*. A mesure que l'on découvre des genres nouveaux et de nouvelles espèces, les lacunes se remplissent et les divisions deviennent plus difficiles à établir. Mais si nous voulons suivre la nature, nous ne devons point former de coupes où elle n'a laissé aucun intervalle, et alors, pour la facilité de l'étude, il ne faut avoir recours qu'à des moyens artificiels et donnés pour ce qu'ils sont, comme seroit, par exemple, l'ingénieuse dichotomie de l'illustre Lamarck.

1. Spathularia longifolia. Tab. XXVIII.

Frutex ramosus, glaberrimus; ramis pallidè cinereis. Folia alterna et in eodem specimine opposita aut subopposita, stipulata, breviter petiolata, circiter 4-7 pol. longa, 10-18 l. lata, oblongo-lanceolata, basi acuta, apice acuminata, remotè et subobsoletè serrata ; serraturis sphacelatis; nervo medio proeminente; venis lateralibus primariis 10-12, arcuatis : petiolus 2-3 l. longus, subtùs convexus, infrà canaliculatus. Stipulæ parvæ, membranaceæ, valdè caducæ. Pedunculi 1-4, terminales, $1\frac{1}{2}$ - $2\frac{1}{2}$ pol. longi, 1 - 3-flori, pallidi, basi stipati bracteolis quibusdam triangulari-ovatis acuminatis membranaceis scariosis : pedicelli 6-8 l. longi et quandò tres umbellulam subconstituentes, gemmulis inter illos abortivis, paulò supra basin articulati, à basi ad apicem incrassati, pallidi, bracteolis 1 - 3 onusti distantibus semiovatis scariosis gemmulam abortivam in axillis foventibus. Calyx parvus, 5-partitus,

SPATHULARIA longifolia.

Tab. XXVIII.

deciduus ; laciniis ovatis, obtusis, inæqualibus, tenuissimè vixque manifestè ciliatis, dilutè violaceis, 2 exterioribus inæqualibus. Petala 5, basi calycis inserta, eodem multò longiora, et cum laciniis calycinis alternantia, circiter 8-10 l. longa, unguiculata, cum ungue spathulata, obtusissima, subfalcata, alba s. dilutè violacea; 4 subæqualia; majus latiusque quandoquè emarginatum; unguibus erectis apice paulò angustioribus; laminis ellipticis, plùs minùs, patulis, quandoquè medio vel extra medium plicatis. Stamina 5, æqualia, cum petalis alternantia, ibidem inserta : filamenta complanata, antheræ longitudine subæqualia eàdemque multò angustiora : antheræ cordato-ovatæ, obtusissimæ, post anthesin sub3-angulares, apice mucronatæ, basi affixæ, immobiles, anticæ, 2-loculares, longitrorsùm dehiscentes; mucrone angustissimo, subulato, membranaceo, dimidiæ antheræ æquali. Stylus basi subangulatus, apice concavo inæqualique denticulatus. Stigma vix manifestum. Ovarium breve, ovatum, basi latum, compressiusculum, lutescens, 1-loc., polyspermum; pericarpio crassiusculo: ovula subnumerosa, placentis 3 parietalibus affixa. Fructum non vidi.

Petalum majus quandoquè cordatum; eodem opposita 2 linearia; 2 solummodò intermedia spathulata : tunc maxima, ut jam in *Monographiâ de Sauvagesiâ* diximus, cum Ionidiorum flore affinitas.

Crescit propè Sebastianopolim in sylvis primævis montis dicti *Corcovado* : rarissima. Florebat Octobre (1).

CONOHORIA. Kunth, Aug. de S. Hil.

Conohoria, Passura, Riana et Rinorea. Aub. — Physiphora. Banks (2). — Alsoïdea. Dupetit-Th. — Ceranthera. Bauv. — Alsodea. Mart.

(1) Je viens d'en voir une seconde espèce dans les herbiers de MM. Kunth et Delessert. Elle a été rapportée de Cayenne par M. Poiteau, auquel il appartient de la nommer et de la décrire.

(2) M. Brown m'a assuré que c'étoit à ce genre qu'il falloit rapporter le *Physi-*

et Zucc. — Conohoria, Rinorea, Physiphora, Alsoïdea et Ceranthera. Gin.

Calyx 5-partitus, vix inæqualis, persistens. Petala 5, hypogyna, æqualia. Stamina 5, cum petalis alternantia iisdemque breviora, æqualia: filamenta sæpiùs brevia, libera vel in urceolum connata: antheræ complanatæ, apice marginibusque membranaceæ, immobiles, anticæ, 2-loculares, longitrorsùm dehiscentes; lobis anteriùs apice 2-setosis vel 2-membranaceis. Stylus persistens. Stigma terminale, obtusum. Nectarium cupulæforme ovarium cingens, sæpè nullum. Ovarium superum, sessile, 3-lobum, 1-loc., 3-9 spermum. Capsula vestita calyce corollâ staminibusque persistentibus, 3-valvis; valvulis medio seminiferis. Semina subglobosa. Int. coriaceum. Embryo perispermo carnoso inclusus : cotyledones planæ : radicula ad hilum spectans. (Caract. seminis ex Kunth.)

Frutices vel arbores. Folia alterna, rariùs opposita aut alterna et opposita, simplicia. Stipulæ laterales, geminæ, sæpiùs caducæ. Flores axillares aut terminales, solitarii aut racemosi, quandoquè fasciculati aut paniculati, bracteati. Præfloratio contorta, vel quincunciali-contorta et tunc petalum 1 exterius cætera contorta.

Observations. *Géographie, nombre.* — Toutes les espèces de *Conohoria* trouvées jusqu'à présent appartiennent aux côtes, et c'est aussi sur le littoral que j'ai recueilli mes trois espèces brasiliennes. L'une d'elles, le *Conohoria Rinorea*, est du petit nombre de ces plantes maritimes qui, croissant à Cayenne, s'étendent jusqu'à Rio de Janeiro : les deux autres sont entièrement nouvelles.

Pour les observations relatives aux caractères du genre et à la synonymie, *V.* les Plantes usuelles des Brasiliens, N°. V.

1. Conohoria Lobolobo. †

C. foliis alternis et suboppositis, in apice ramulorum confertis,

---

phora de Banks, mentionné dans le *Congo*, et il paroît même certain que c'étoit le *C. lobolobo* que Banks avoit sous les yeux, quand il a eu l'idée de faire ce genre *Physiphora*.

oblongo-lanceolatis, angustis, acutis, obsoletè serratis; racemis simplicibus; pedicellis puberulis; squamulis vix manifestis ad basin staminum; ovulis basi placentarum affixis.

Conohoria Lobolobo. *Aug. de S. Hil. Hist. Bras. et Par. pag.* 20.—*Plant. Bras. N°. V. Ic.*

Alsodea physiphora. *Mart. Nov. gen. pag.* 28, *tab. XIX.*

Folia cruda sapore herbaceo; concocta mucilaginosa.

Frequens in sylvis montuosis prope Sebastianopolim. Florebat Septembre.

Obs. M. Martius a donné de cette plante une description parfaite. Il l'a représentée, à la vérité, comme un arbre, et, quoique je l'aie rencontrée extrêmement souvent, je ne l'ai jamais vue s'élever au-dessus de la hauteur d'un arbrisseau; mais, sous les tropiques, de grandes différences dans les dimensions ne sont pas fort rares, et il m'est arrivé plus d'une fois d'indiquer d'abord, dans mes manuscrits, comme des arbustes, des végétaux que j'ai vu ensuite se distinguer par leur élévation au milieu des arbres des forêts. Quant aux différences qui se trouvent entre la description que M. Martius et moi nous donnons des étamines, elle n'est que dans l'expression, et tient à ce que le savant Bavarois a considéré l'étamine du *Conohoria* de la même manière que M. de Gingins, et que, sur ce point, j'ai suivi M. Kunth et les classiques.

2. Conohoria castanæfolia. †

C. foliis alternis et suboppositis, in apice ramulorum confertis, oblongo-lanceolatis, argutè serratis, mucronatis; racemis simplicibus; pedicellis pubescentibus; ovulis ex apice placentarum pendulis.

Conohoria castanæfolia. *Aug. de S. Hil. Plant. us. Bras. N°. V.*

Inveni in sepibus ad villam regiam *S. Christovo* dictam prope Sebastianopolim. Florebat Augusto.

3. Conohoria Rinorea.

C. foliis alternis, ellipticis, basi acutiusculis, apice acuminatis, grossè serratis; nervis lateralibus parallelis, manifestè proeminentibus; racemis compositis, laxiusculis, pubescentibus; nectario cupulæformi, ovarium cingente.

Rinorea Guayanensis. *Aub. Guy.* 1, *p.* 235, *t. XCIII.*

Alsodea paniculata. *Mart. Nov. gen. pag.* 30, *t. XXI.*

Frutex ramosus; ramulis alternis, obscurè rubescentibus, junioribus puberulis. Folia (carpini valdè similia) alterna, breviter petiolata, remotiuscula, elliptica, 3-5½ pol. longa, 10-18 l. lata, basi acutiuscula, apice acuminata acumine sæpè obliquo, grossè serrata, glabra; nervo medio nervisque lateralibus parallelis valdè proeminentibus, in foliis junioribus pilosis: petiolus circiter 2-3 l. longus, obscurè rubescens. Stipulæ caducæ. Racemi solitarii, raro plures, axillares aut terminales, compositi, 2-3 pol. longi, latiusculi, pubescentes, breviter pedunculati: rami pauciflori, basi bracteolati; bracteis breviter ovatis, acutis, scariosis, puberulis, ferrugineis: pedicelli 1-flori, sæpiùs curvati, medio circiter articulati, basi sæpiùsque versùs medium bracteolati, supra articulationem præcipuè pubescentes. Calyx parvus, 5-partitus; divisuris ovatis, obtusis, dorso medio costà elevatis, puberulis, margine tenuissimè ciliatis. Petala 5, hypogyna, conniventia, ovata, lanceolata, acuminata, obtusa, puberula, in campanam conniventia, apice recurva, puberula. Nectarium brevissimum, cupulæforme, dentatum, stamina cingens. Stamina 5, hypogyna, cum petalis alternantia, erecta: filamenta brevissima, complanata, nectario basi adnata et inter se vix coalita: antheræ basi affixæ, immobiles, anticæ, infernè coalitæ, marginibus apiceque membranaceæ, cum processu terminali membranaceo ovato-lanceolatæ, acuminatæ, glaberrimæ, 2-loculares, longitrorsùm lateraliter dehiscentes; loculis infra membranam terminalem 2-setosis; processu terminali, vix serrato, dorso antheræ continuo, loculisque longiore. Stylus basi flexuosus et villosus. Stigma terminale, obtusum. Ovarium ovato-pyramidatum, 3-lobum, villosissimum, 1-loc., 3-spermum: ovulum inferius ascendens; intermedium peritropium; superius suspensum. Fructum non vidi.

Inveni in sylvis montis dicti *Trapiceiro* prope Sebastianopolim : rarissima. Florebat Septembre.

Obs. La plante de M. Martius diffère de la mienne en ce que ses feuilles sont entières. Mais celles de ma plante sont déjà un peu moins dentées que dans la figure d'Aublet, et d'ailleurs l'excellente description du botaniste Bavarois convient parfaitement à mes échantillons. Je dois pourtant observer encore que ces poils peu nombreux que M. Martius a remarqués dans les siens, entre les loges de l'anthère, n'existent pas dans ma plante et sont remplacés par une tache blanchâtre.

CISTEÆ.

HELIANTHEMUM. Tourn. Juss.

Cisti sp. Lin.

Calyx 3-partitus, divisuris æqualibus; vel 5-partitus, divisuris duplici ordine dispositis, exterioribus sæpiùs minoribus. Petala 5, hypogyna, æqualia. Stamina indefinita, hypogyna : filamenta filiformia : antheræ immobiles, anticæ vel rarissimè posticæ, 2-loculares, longitrorsùm dehiscentes. Stylus 1, terminalis, quandoquè subnullus. Stigma capitatum. Ovarium liberum, sessile, 3-gonum, 1-loc. vel sub3-loc. aut manifestè 3-loculare, polyspermum. Ovula numerosa, in ovariis 3-locularibus angulo interno, in 1-locularibus placentis 3 affixa parietalibus centrum versùs plùs minùs productis: Capsula 3-valvis. Dehiscentia loculicida. Semina parva, angulata. Integumentum duplex; exterius mollius. Umbilicus latiusculus : chalaza vix manifesta. Perispermum farinaceum vel carnoso-corneum. Embryo intra perispermum spiralis aut variè curvatus; radicula umbilico contraria cotyledonumque apex.

Herbæ, suffrutices vel frutices. Folia opposita vel alterna, exstipulata vel stipulata, integra. Flores sæpiùs racemosi aut subracemosi, quandoquè umbellati vel corymbosi aut paniculati. Pedicelli quandoquè extraaxillares.

Observations. — § I. *Nombre; Géographie.* — Une seule espèce d'*Helianthemum* avoit été indiquée dans l'Amérique méridionale ; c'est elle que j'ai trouvée, et je n'en ai découvert aucune autre. Elle s'étend depuis le Rio de la Plata jusque dans la province de S. Paul ; mais elle ne croît pas entre les tropiques sous lesquels il paroît qu'on n'a découvert aucune espèce de ce genre.

§ II. *Semence.—Une radicule tournée en sens contraire de l'ombilic, et des cotylédons dont l'extrémité est dirigée de la même manière,* forment un caractère très-remarquable. Je l'ai observé dans tous les *Helianthemum* que j'ai disséqués ; mais je dois avertir ceux qui voudroient analyser des semences appartenant à ce genre, qu'ils doivent faire bien attention de ne pas se méprendre sur la position de l'ombilic ; car, présentant souvent une aréole foncée et orbiculaire et étant plus large que la chalaze, il peut aisément être pris pour elle. Ce qu'il y a de plus sûr pour ne pas se tromper, c'est de n'étudier que des graines pourvues du cordon ombilical, ou de bien faire attention au petit trou arrondi qui se trouve au milieu de l'aréole.

1. Helianthemum Brasiliense.

H. caule suffruticoso, subsimplici, apice hirsuto, foliis exstipulatis, sessilibus, ovato-oblongove-ellipticis, acutis, breviter mucronulatis, hirsutis; pedunculis solitariis, unifloris calycibusque hirsuto-canescentibus; calycinis laciniis interioribus ovatis, acuminatis.

Helianthemum Brasiliense. *Pers. Syn. II, p.* 22. *Dun. in DC. Prod. I, pag.* 269.

Cistus Brasiliensis. *Lam. Dict. II, p.* 22.

Cistus alternifolius. *Wahl. Symb. I, p.* 38.

Radix gracilis, fusca. Caules suffruticosi, plures, rariùs solitarii, 5-7 pol. longi raró ampliùs, vix ramosi, subflexuosi, teretes, apice hirsuti, basi plùs minùsve glabrati. Folia alterna, exstipulata, sessilia, ovato-oblongove-elliptica, acuta, breviter mucronulata, integerrima, pilosa vel hirsuta, nervo medio subtùs proeminente; superiora gradatìm minora; floralia oblongo-linearia vel linearia angusta. Pedunculi in apice caulium vix racemosi, extraaxillares, pauci, solitarii, 1-flori, folio longiores vel breviores, molliter hirsuti, canescentes. Calyx 5-partitus; laciniis molliter hirsutis, canescentibus; exterioribus 2 linearibus, angustis, acutis; interioribus 3 ovatis, acuminatis, margine hinc membranaceis, exterioribus plùs minùsve longioribus, cum iisdem quandoquè basi coalitis. PETALA 5, hypogyna, ovata, integerrima vel denticulata, glaberrima, omninò lutea vel basi maculâ atropurpureâ notata. STAMINA indefinita, glabra : filamenta filiformia : antheræ immobiles, anticæ, 2-loculares, longitudinaliter internè dehiscentes. STYLUS brevis, glaber. STIGMA crassum, capitato-3-lobum. OVARIUM globoso-ovatum, 3-lobum, glabrum, 1-loc. polyspermum. OVULA numerosa, funiculis longissimis capillaribus affixa placentis 3 parietalibus linearibus semi-cylindricis non productis. CAPSULA vestita calyce staminibusque persistentibus, 3-4 l. longa, obtusa, 3-valvis; valvulis medio seminiferis. SEMINA parva, diametro vix 1 l., angulata, ad umbilicum latiora, apice attenuata, fusca. UMBILICUS orbicularis, nigrescens; chalaza opposita, vix manifesta. INTEGUMENTUM duplex, exterius mollius. PERISPERMUM farinaceum. EMBRYO in perispermo spiraliter convolutus : cotyledones planiusculæ, lineares, angustæ, radiculâ longiores, centrum spiræ occupantes, apice ad chalazam spectantes : radicula teres, gracilis, acutiuscula, umbilico contraria.

FRANKENIACEÆ.

SAUVAGESIA. Lin. Juss. Aug. de S.-Hil.

LAVRADIA. Vel. Vand. Aug. de S.-Hil. Mart.

OBSERVATIONS. — § I. *Rapports des Frankéniées confirmés par M. de Candolle.* — M. de Candolle a confirmé, dans son *Prodromus*, les affinités que j'ai attribuées aux genres *Lavradia et Sauvagesia*. A la vérité, ces genres se trouvent, dans son livre, séparés des *Frankéniées* par deux autres familles; mais il faut se rappeler que les *Violacées* et les *Frankéniées* ont été, dans cet ouvrage, travaillées par deux mains différentes. M. de Gingins, de son côté, a très-bien reconnu les affinités des *Violacées* avec le *Sauvagesia* et le *Lavradia*, et d'un autre côté, M. de Candolle a sanctionné les affinités du *Luxemburgia* avec les *Frankéniées*, et de celles-ci avec les *Caryophyllées*; or, il n'est pas de genres qui se rapprochent plus que le *Sauvagesia*, le *Lavradia* et le *Luxemburgia*; donc les *Violacées* se rattachent aux *Frankéniées* comme celles-ci aux *Caryophyllées*, et c'est précisément la série que j'ai proposée.

§ II. *Rapports des Frankéniées confirmés par M. Martius; dissertation sur l'embryon des Caryophyllées; comparaison de l'ovaire uniloculaire à placentas pariétaux avec l'ovaire à placenta central.* — M. Martius qui, d'abord, avoit écrit que les genres *Sauvagesia* et *Lavradia* devoient être rapportés aux *Droséracées*, reconnoît aujourd'hui (Nov. Gen. p. 38), avec cette candeur qui caractérise le vrai savant, qu'ils ont beaucoup plus de rapports avec les *Violacées* (1). Il confirme ainsi ce que j'ai démontré dans ma Monographie. (V. Plantes les plus remarquables du Brésil et du Paraguay, 1 p. 30 et suiv.) Le même savant aura vu dans cette Monographie quelles raisons forcent de placer les deux genres dont il s'agit auprès du *Frankenia*, et si, lorsqu'il a écrit, il n'a pas été frappé de la nécessité de ce rapprochement, c'est certainement parce que dans le seul travail sur cette matière, dont il paroît avoir eu connoissance quand il a composé son livre (Observations sur le *Sauvagesia erecta*, Mém. Mus., vol. III), j'avois commis la faute très-grave de placer le *Sarothra* parmi les *Frankéniées*, erreur que j'ai relevée dans ma Monographie (l. c.). D'ailleurs, M. Martius confirme encore très-bien les rapports que j'ai indiqués entre les *Frankéniées* et les *Caryophyllées*. Or, puisque le *Sauvagesia* et le *Lavradia* font partie des *Frankéniées*, que ces mêmes genres, suivant M. Martius, sont voisins des *Violacées*, et que d'un autre côté, toujours selon le même auteur, les *Frankéniées* sont également voisines des *Caryophyllées*, il est clair qu'on ne peut faire sentir ces doubles rapports sans mettre les *Frankéniées* à la place qui leur a été, ce me semble, assignée par la nature, c'est-à-dire, sauf l'intermédiaire des *Cistées*, entre les *Violacées* et les *Caryophyllées*.

Après avoir dit avec tant de raison que les *Frankéniées* ne doivent point être éloignées des *Caryophyllées*, M. Martius exprime des doutes sur celles des plantes de cette dernière famille avec lesquelles les *Frankéniées* auroient le plus de rap-

(1) M. Martius demande même si les filets stériles des *Sauvagesia* pourroient être autre chose que les poils du dos de l'anthère du *Conohoria* qui, changeant de place, de nature, de forme et de couleur, se seroient pour ainsi dire ennoblies. En se livrant à de telles considérations, l'observateur se repose de ses travaux, et ne cesse point de goûter le plaisir d'offrir à son imagination les objets de ses études favorites; mais on sent que dans la réalité un tel délassement sort entièrement du domaine de la botanique.

ports. Comme je me suis beaucoup occupé des *Caryophyllées* (V. mon Mémoire sur le Placenta central), on me permettra, j'espère, d'essayer de lever ces doutes : ce sera pour moi une occasion de traiter des points de botanique qui ne sont pas sans intérêt, et de citer quelques faits nouveaux.

M. Martius seroit porté à soupçonner que les *Frankéniées* se rattachent principalement à celles des *Caryophyllées* qui, dit-il, ont l'embryon *intraire ;* et il cite l'*Ortegia* et le *Lechea*, comme des exemples de *Caryophyllées* où l'embryon est placé dans le périsperme. Parmi un très-grand nombre de *Caryophyllées* dont j'ai analysé les graines, je n'ai trouvé que deux espèces où l'embryon fût réellement dans ce cas, l'*Holosteum umbellatum* et le *Dianthus prolifer*. Le premier offre un *embryon placé dans l'axe d'un périsperme charnu et replié longitudinalement sur lui-même, de manière que la radicule et les cotylédons sont tournés vers le point d'attache, et ne comprennent entre eux qu'une légère portion de périsperme : la radicule répond à une côte qui se trouve à la face de la graine déprimée* (Rich.) *et les cotylédons à un sillon qu'on voit au dos.* (*Cotyl. dorsales* Gært.) Quant au *Dianthus prolifer*, j'y ai vu *un embryon droit et placé dans l'axe d'un périsperme charnu ; mais dont la radicule ni les cotylédons ne sont tournés vers l'ombilic.* Voilà sans doute des anomalies extrêmement remarquables ; mais quand nous voudrions négliger les rapports les mieux établis, et oublier que l'*Holosteum umbellatum* ne doit pas être beaucoup éloigné des *Stellaires*, ni le *D. prolifer* des autres *Dianthus ;* quand nous ne voudrions avoir égard absolument qu'à l'embryon, nous ne pourrions pas encore former une section de ces deux plantes, puisque dans l'une l'embryon est replié, et a ses deux extrémités dirigées vers l'ombilic, tandis que dans l'autre il est droit et n'aboutit à l'ombilic ni par l'une ni par l'autre extrémité.

Il est très-vrai que l'embryon des *Caryophyllées* ne fait pas toujours le tour du périsperme, et quelquefois même, quand la graine est allongée, il reste appliqué d'un seul côté de l'albumen, ainsi que cela a lieu dans les *Dianthus* cités par Gærtner, et dans l'*Ortegia* donné par le savant M. Martius comme un exemple de l'embryon *intraire* chez les *Caryophyllées* (*Embryo Ortegiæ dorsalis ; albumen farinosum, unilaterale.* Gært. Frut., II, 224) ; mais un embryon dorsal n'est pas un embryon *intraire ;* et par conséquent il n'y a aucune analogie entre la graine de l'*Ortegia* et celle du *Frankenia* où l'embryon est axile dans un périsperme charnu, et si ce dernier genre a, comme l'observe parfaitement M. Martius, des affinités avec les Caryophyllées, ce n'est cependant point par sa semence qui l'assimile aux *Violacées*, mais par ses feuilles, son calice et ses pétales. (V. Histoire des Plantes les plus remarquables, I, p. 36.)

En proposant le *Lechea* pour second exemple de l'embryon *intraire* dans les Caryophyllées, M. Martius suit M. de Jussieu qui plaçoit le genre dont il s'agit à la fin de cette même famille. Je l'ai cru un instant voisin des *Linées*, mais il paroît que j'ai eu entièrement tort. M. Dunal l'a réuni aux *Cistées* (in DC. Prod.), et M. Brown a confirmé ce rapprochement en trouvant dans l'embryon une organisation analogue à celle des autres *Cistées*, organisation que j'ai signalée dans l'Histoire des plantes, etc., etc., et que l'illustre Anglois a reconnue de son côté sans que nous nous fussions entendus.

Il est bien évident, d'après tout ceci, qu'il n'existe pas de groupe naturel de *Caryophyllées* à embryon *intraire* où l'on puisse faire entrer le *Frankenia*; mais supposons un instant que ce genre n'ait point de rapport avec les *Violacées*, et voyons si, dans ce cas-là, comme le demande M. Martius, il pourroit former le passage des *Caryophyllées* aux *Portulacées*. Le savant Bavarois a parfaitement raison d'admettre les rapports de ces dernières familles (V. le Mémoire sur le placenta central libre); mais il est entre elles un intermédiaire (l. c.) qui a été reconnu par Jussieu (Mém. Mus.), Desfontaines (Nov. cat.), Mirbel (Elem.), de Candolle (Theor. Elem.), Kunth (Nov. gen.), la famille des *Paronychiées*, laquelle se nuance parfaitement avec celle des *Caryophyllées* et celle des *Portulacées*.

Cet intermédiaire viendroit encore repousser le *Frankenia* qui, d'ailleurs, ne se rattache nullement aux *Portulacées* par la nature du périsperme, l'embryon et encore moins l'organisation de son ovaire. M. Martius fait très-bien observer que le *Montia* et le *Claytonia* ont un ovaire uniloculaire comme le *Frankenia*; mais un ovaire uniloculaire à placenta central a infiniment plus de rapports avec un ovaire où il existe plusieurs loges et des placentas axiles, qu'il n'en a avec un ovaire uniloculaire à placentas pariétaux; je crois avoir démontré cette vérité il y a déjà long-temps, par l'anatomie du placenta central des *Primulacées*, des *Caryophyllées*, des *Portulacées* et des *Salicariées*, et elle l'est encore par un fait incontestable; c'est que jusqu'ici aucun genre à placentas pariétaux n'est entré dans ces familles, et qu'au contraire les trois dernières admettent indifféremment des plantes où le placenta est central dans un ovaire uniloculaire, et d'autres où il existe plusieurs loges et des placentas axiles tout à la fois (V. le Mémoire sur le placenta central libre.)

§ III. *Synonymie*. Ayant déjà publié la description la plus étendue des espèces de *Sauvagesia* et de *Lavradia* qui me sont connues, j'y renverrai les botanistes, et je me contenterai de donner ici, pour leur commodité, la concordance des noms de mes plantes avec ceux qu'elles ont reçus dans divers écrits depuis que je les ai fait connoître à l'Académie des Sciences, au mois d'octobre 1823, dans les Mémoires du Muséum, les Annales d'Histoire naturelle et l'Histoire des Plantes les plus remarquables du Brésil et du Paraguay.

1. SAUVAGESIA RACEMOSA. Aug. de S.-Hil. Hist. rem. Bres. Par. I, p. 59, tab. I.

Sauvâgesia ovata. *Mart. et Zucc. Nov. gen. pl.* 36, *tab.* XXIV.

2. SAUVAGESIA SPRENGELII. Hist. rem. Bres. Par. I, p. 61, tab. II, A.

Sauvagesia serpillifolia. *Mart. et Zucc Nov. gen. p.* 37, *tab.* XXV (1).

3. SAUVAGESIA RUBIGINOSA. Aug. de S.-Hil. Hist. rem. Bres. Par. I, p. 62, tab. II, B.

Sauvagesia laxa. *Mart. et Zucc. Nov. gen.* 38 (2).

4. SAUVAGESIA ERECTA. L. — Aug. de S.-Hil. Hist. rem. Bres. Par. I, p. 63, tab. III, A (3).

Sauvagesia erecta *et* nutans. *Gin. in DC. Prod. p.* 315 et 316. — S. erecta. *Mart. et Zucc. Nov. gen. p.* 37.

---

(1) M. Martius indique la synonymie de son *S. serpillifolia* de la manière suivante : *Sauvagesia erecta* Spreng. et *S. Sprengelii* St. Hil. Cette façon de s'exprimer tendroit à faire croire que l'*erecta* et le *Sprengelii* ont été considérés jusqu'à présent comme deux espèces distinctes ; mais il y a certainement ici une faute d'impression. J'ai dit (Hist. rem. Par. I, p. 21 et 22) que l'*erecta* de Sprengel, qui n'étoit pas celui de Linné, devoit porter le nom de *Sprengelii*, et par conséquent j'ai toujours regardé les deux noms comme appartenant à la même espèce.

(2) M. Martius n'indique cette plante que par une phrase très-courte, et, en pareil cas, la synonymie ne peut jamais être établie avec une entière certitude ; cependant il y a ici, comme l'a pensé le savant Bavarois, toute la vraisemblance que peut établir une description de quelques mots.

(3) Le savant M. Martius n'avoit probablement pas sous les yeux mon ancien mémoire sur le *Sauvagesia erecta* (Mém. Mus., III, p. 215), quand il a écrit (Nov. Gen. p. 34) que j'avois avancé que les anthères de ce *Sauvagesia* s'ouvroient par le dos. Je ne connois pas une seule anthère, dans tout le règne végétal, qui s'ouvre de cette manière, et j'ai dit tout simplement que celles du *Sauvagesia erecta avoient leur dos tourné du côté de l'ovaire* (*antheræ posticæ* Br.), ce que Brown a écrit des *Iridées*, de plusieurs *Colchicacées*, etc., et certainement il n'entendoit pas par là que dans ces plantes la déhiscence des anthères s'opéroit

5. Sauvagesia tenella. Aug. de S.-Hil. Hist. rem. Bres. Par. 1, p. 66, tab. III, B.

S. tenella. *Gin. in DC. Prod. I, p.* 316.

6. Sauvagesia linearifolia. Aug. de S.-Hil. Hist. rem. Bres. Par. 1, p. 67, tab. IV, A.

Sauvagesia pusilla. *Mart. et Zucc. Nov. gen. p.* 35, *tab.* XXIV(1).

---

par leur dos. Je m'explique, au reste, très-facilement la petite méprise de M. Martius. Il existe réellement une erreur très-grave dans le mémoire dont il est ici question. J'y disois que les pétales intérieurs du *S. erecta* sont alternes avec les extérieurs, et ils sont opposés, comme je l'ai reconnu depuis dans cette même espèce et toutes celles que j'ai observées postérieurement (V. Plantes les plus remarquables, p. 7). Quoique M. Martius ne parle nulle part de la position relative des deux corolles, il aura sans doute reconnu mon erreur, et n'ayant pas devant lui les Mémoires du Muséum quand il a composé son bel ouvrage, il aura appliqué aux étamines l'idée d'une erreur qui concernoit les pétales. Cela est d'autant plus vraisemblable que le même savant a parfaitement reconnu que les étamines du *Sauvagesia* (Nov. Gen., p. 34) étoient alternes avec les pétales intérieurs, et de là il aura pu conclure qu'il devoit y avoir opposition entre les deux rangs de pétales. Il est vrai qu'il dit ensuite que les étamines sont opposées dans le *Lavradia*. Mais comme la corolle est ici monopétale, qu'elle a de très-petites dents, et qu'elle se déchire après la floraison en lames irrégulières (V. Nov. Gen., p. 32), il est assez vraisemblable que le même savant n'a entendu ici, par l'opposition des étamines, que celles qu'elles ont avec ces petites concavités qu'il a observées sur les corolles internes et auxquelles ces mêmes étamines donnent lieu. Quant à l'expresion de cinq écailles soudées employée par le même savant pour désigner la corolle interne du *Lavradia*, ce n'est qu'une heureuse supposition imaginée pour mieux faire sentir la singulière affinité des genres *Sauvagesia* et *Lavradia* : on distingue si peu ces cinq écailles que la corolle est souvent à dix petites dents, et, comme le dit très-bien M. Martius, elle se déchire irrégulièrement. Au reste, cette affinité qu'il fait remarquer avec raison entre le *Sauvagesia* et le *Lavradia* doit naturellement faire supposer que, s'il étoit possible que dans ce dernier les pétales se séparassent en cinq écailles distinctes, les étamines seroient alternes avec elles comme dans le *Sauvagesia*.

(1) M. Martius dit à la vérité que sa plante n'a point de filets stériles entre la corolle extérieure et la corolle intérieure, et j'en vois cinq dans mes échantillons; mais le *S. tenella* m'a prouvé que, dans les petites espèces, ce caractère étoit variable. Je

7 Lavradia vellozii. A. de S.-Hil. Hist. Bres. Par. I, *p.* 22.

Lavradia Velloziana. *Gin. in Dec. Prod. I, p.* 314 (1).

8. Lavradia glandulosa. Var. *β*. Aug. de S.-Hil. Hist. rem. Bres. Par. I, p. 34.

Lavradia montana. *Mart. et Zucc. Nov. gen.* p. 36, *t. xxiii* (2).

LUXEMBURGIA. Aug. de S.-Hilaire (3).

Plectanthera Mart. et Zucc. (4).

Calyx 5-phyllus, inæqualis, deciduus. Petala 5, hypogyna, subinæqualia, decidua. Antheræ gynophoro brevissimo cum pistillo insertæ, subsessiles, definitæ sæpiùsve indefinitæ, lineares, 4-gonæ, 2-loculares, posticæ, apice poris 2 dehiscentes, in massulam secundam ovarium sæpè amplectentem adglutinatæ, deciduæ : fila-

---

dois avertir ici que le dessinateur qui a figuré (l. c.) le *S. linearifolia* a trop fait sentir les dents des feuilles; on ne les voit très-bien qu'à la loupe, et elles n'existent, comme l'observe parfaitement M. M., qu'à l'extrémité des mêmes feuilles.

(1) M. Martius a cru que le *Lavradia* de Vandelli (in Script. Lus. p. 88, t. VI) devoit se rapporter au *glandulosa V. β*; et en effet la phrase de Vandelli peut, comme tant d'autres, s'appliquer à plusieurs espèces; mais les manuscrits de Velloso prouvent évidemment que c'est le *L. Vellozii* qui a été désigné dans l'ouvrage de Vandelli. Ce point de synonymie n'a pas au reste l'importance la plus légère.

(2) Je ne connais point les *Sauvagesia ericoïdes*, *fruticosa* et *salicifolia* qui sont indiqués comme croissant au Brésil; mais dont les caractères n'ont été, jusqu'ici, tracés que d'une manière extrêmement abrégée. Je ne connois pas davantage l'espèce charmante décrite par M. Martius sous le nom de *Lavradia alpestris*.

(3) La description de ce genre a paru dans les Mémoires du Muséum (vol. IX, année 1823); j'y ajoute quelques traits que j'emprunte aux *L. speciosa* et *corymbosa* qui n'étoient pas sous mes yeux quand j'ai fait ma première description.

(4) Il faut bien se donner de garde de croire, d'après ce nom, que les anthères soient pliées. M. Martius les a décrites avec détail; il ne fait pas plus que moi mention de ce caractère (Nov. Gen., p. 39 et 40), et tout le monde sait qu'on ne doit attacher aucune importance au sens d'un nom générique.

mentorum rudimenta persistentia. Pistillum declinatum. Stylus pyramidato-subulatus. Stigma simplex vel rariùs tripartitum. Ovarium sessile vel pedicellatum, oblongum, 3-angulare, 1-loculare vel subuniloculare, polyspermum. Capsula 1-loc., polysperma, 3-valvis; valvularum marginibus plùs minùsve introflexis, seminiferis. Semina numerosa, oblonga, membranâ cincta apice latiore. Integumentum duplex; utrumque membranaceum. Umbilicus ad extremitatem seminis angustiorem. Perispermum carnosum, parvum. Embryo axillis, rectus, oblongus : radicula umbilicum ferè attingens.

Frutices elegantes, ramosi, glaberrimi. Folia alterna, dentata, mucronata, oblonga, eleganter lineato-nervosa. Stipulæ laterales, geminæ, caducæ vel persistentes. Flores terminales, pulchrè racemosi vel corymbosi, lutei. Pedunculi paulò supra basin articulati, ad articulationem 2-bracteati. Præfloratio subquincuncialis; petalum exterius 1, semi exteriora 1-2, dorso nudum 1, exteriora 1-2.

Observations. § I. *Nombre; Géographie.* — Le genre *Luxemburgia* est entièrement nouveau, et les quatre espèces qui le composent appartiennent exclusivement au Brésil. Toutes croissent sur cette chaîne de montagnes qui divise les pays de bois vierges des pays découverts; et ce qu'il y a de remarquable, c'est que cette chaîne qui fait la limite de deux Flores si différentes, offre une végétation qui se distingue également de l'une et de l'autre.

§ II. *Rapports.* — Les étamines du *Luxemburgia* s'ouvrent au sommet comme celles du *Polygala;* elles rappellent par la forme celle des *Tetratheca* et plus encore celles des *Cassia* ou surtout des *Gomphia;* mais ces légères ressemblances n'établissent aucune affinité réelle (1). C'est avec les *Sauvagesia* et les *Lavradia* que les *Luxemburgia* ont les rapports les plus intimes; je l'ai démontré ailleurs, et tous les botanistes qui ont vu ces plantes l'ont senti comme moi; cependant je ne crois pas inutile de rapprocher dans un même cadre les traits qui unissent ces

---

(1) C'est incontestablement cette forme des anthères qui a engagé le savant M. Martius à rapprocher le *Luxemburgia* des *Termandrées.* Mais le doute qu'il émet lui-même (Nov. Gen.) prouve qu'il a parfaitement senti combien ce rapprochement est peu fondé et qu'il n'y attache absolument aucune importance; aussi seroit-il superflu de le discuter.

Tab. XXIX.

LUXEMBURGIA SPECIOSA.

quatre genres. Les *Luxemburgia* ont des tiges ligneuses comme la plupart des *Sauvagesia* et des *Lavradia*; leurs feuilles sont également alternes ; les dents qui bordent ces feuilles sont souvent calleuses; celles de plusieurs *Lavradia* et *Sauvagesia* ont des veines parallèles moins prononcées que dans les *Luxemburgia*, mais qui pourtant indiquent un rapport; enfin une pointe aiguë termine la feuille du *Lavradia glandulosa*, comme celle du *Luxemburgia*. Deux stipules latérales et ciliées existent dans toutes ces plantes. Le pédoncule des *Luxemburgia* est articulé comme dans la plupart des *Violacées* si voisines des *Frankéniées*, et muni de deux bractées comme dans les *Viola*, *Ionidium*, etc., caractère qui confirme les affinités de ces différens groupes. La corolle des *Luxemburgia*, *Sauvagesia* et *Lavradia* est insérée sous un gynophore qui porte les organes sexuels; leurs anthères ont le dos tourné du côté du jeune fruit, elles sont immobiles, et celles du *Sauvagesia* s'ouvrent presque comme dans le *Luxemburgia*; le style est unique; l'ovaire est polysperme; le fruit capsulaire s'ouvre en trois valves dont les bords rentrent en dedans, et dans les trois genres les bords rentrans offrent des modifications à peu près analogues. Les semences sont également petites et nombreuses; le périsperme est charnu; l'ombilic terminal; l'embryon est droit et axile, et la radicule aboutit presque à l'ombilic. Enfin les graines du *Luxemburgia* sont bordées d'une membrane, comme le sont celles de l'*Anchietea*, genre d'un groupe voisin.

§ III. *De divers caractères génériques.* — 1°. Anthères. Je n'indique point comme générale la concavité de la masse des anthères embrassant le pistil, parce que ce caractère, déjà un peu moins sensible dans le *L. polyandra* que dans l'*octandra*, disparoît entièrement dans le *corymbosa*.

2°. Ovaire. On ne doit pas être surpris de ce que M. Martius qui n'a vu que l'ovaire du *L. octandra* l'ait décrit comme triloculaire, puisque les bords rentrans, toujours prolongés jusqu'au centre, y contractent quelquefois un peu d'adhérence; mais il n'y a jamais d'axe central, et déjà dans les *L. polyandra* et *corymbosa*, ces mêmes bords ne s'avancent plus tout-à-fait jusqu'au centre; enfin dans le *corymbosa*, ils n'atteignent chacun que le quart du diamètre de la loge. Donc l'ovaire du *Luxemburgia* doit être décrit comme uniloculaire.

3°. Périsperme. Un examen réitéré me l'a montré charnu dans les *Luxemburgia polyandra* et *octandra*, et ce n'est certainement que par une erreur de plume qu'il a été indiqué comme farineux dans le bel ouvrage de MM. Martius et Zuccarini.

1. Luxemburgia speciosa. † Tab. III.

Foliis subsessilibus, oblongis, obtusis, basi attenuatis; floribus racemosis, magnis; staminibus numerosis.

SUFFRUTEX 3-4-pedalis, erectus, ramosus, glaberrimus; ramis obscurè rubescentibus; cortice subrimoso. FOLIA sparsa, conferta, subimbricata, stipulata, brevissimè petiolata, circiter 12-18 l. longa, 6-8 l. lata, oblonga, obtusa, basi attenuata, serrata, mucronata, coriacea, glabra, nitida; serraturis sphacelatis, inferioribus distantibus vix manifestis; mucrone subulato, setaceo, circiter 1-1½ l. longo; nervo medio rubescente, suprà proeminente, subtùs rubro; nervis lateralibus numerosis, parallelis; venis intermediis tenuissimè reticulatis, per lentem manifestis. STIPULÆ geminæ, laterales, 2 l. longæ, laciniato-ciliatæ, obscurè ferrugineæ. RACEMI terminales, sessiles, simplices. FLORES diametro circiter 16 l., solitarii, approximati, pedunculati, basi bracteati: bracteæ caulinares, lineares, acutæ, ciliatæ, ferrugineæ, hinc et indè stipulà stipatæ laciniatà, ciliatà. PEDUNCULI circiter 8-14 l. longi, 4-goni, ad tertiam partem inferiorem 2-bracteati, infra bracteas crassiores; bracteis oppositis, caulinaribus suprà descriptis consimilibus. CALYX 5-phyllus, inæqualis, caducus; foliolis ovato-rotundis, obtusissimis, subirregularibus, apice quandoquè subfissis, concavis, coriaceis, margine membranaceis, vix ciliatis; interioribus 3 majoribus. PETALA 5, hypogyna, amplitudine subinæqualia, obovata, obtusissima, aurea. ANTHERÆ cum pistillo gynophoro brevi hemisphærico obliquo insertæ, subsessiles, indefinitæ, circiter 4 l. longæ, lineares, angustæ, subinæquales, posticæ, apice poris 2 dehiscentes, in massulam secundam crassam obovatam obtusam albidam adglutinatæ exteriùs convexam internè concavam ovariumque amplectentem. Filamentorum rudimenta persistentia. PISTILLUM declinatum. STYLUS brevis, subpyramidalis, 3-angularis, ovario continuus. STIGMA terminale, 3-partitum, ovario continuum. OVARIUM subsessile, oblongum, 3-angulare, apice acutum, 1-loc., polyspermum: placentæ 3 (valvularum margines introflexæ) è lateralibus ovarii enatæ, usquè ad quartam loculamenti partem productæ, primùm breviter lamellatæ, deindè 2-fidæ; divisuris patentibus, divergentibus, figuram T refe-

Tab. XXX.

LUXEMBURGIA CORYMBOSA.

rentibus. Ovula numerosa, marginibus placentæ divisurarum liberis affixa; placentis aliubì nudis. Capsula pedicellata, 8-l. longa, ovata, acutiuscula, exactè 3-quetra, glabra, nigrescens, usquè ad medium 3-valvis; valvulis carinatis, marginibus introflexis, ad extremitatem seminiferis; parte extremâ seminiferâ demùm solutâ. Semina non vidi.

Inveni in montibus prope *Milhoverde*, 5 l. à vico *Tejuco* adamantium; alt. circiter 3700. Florebat Octobre.

2. Luxemburgia corymbosa. † Tab. IV.

L. foliis breviter petiolatis, oblongis, angustis, acutiusculis, basi attenuato-cuneatis; floribus paucis, corymbosis, magnis; staminibus numerosis.

Suffrutex 5-6-pedalis, ramosus, glaberrimus. Folia sparsa, conferta, breviter petiolata, $1\frac{1}{2}$-$2\frac{1}{2}$ pol. longa, 4-6 l. lata, oblonga, angusta, acutiuscula, basi attenuato-cuneata, serrata, mucronata, nitida; serraturis uncinatis, sphacelatis; mucrone brevissimo, setaceo; nervo medio suprà subtùsque proeminente; lateralibus numerosis, parallelis. Stipulæ geminæ, laterales, lineares, angustæ, acutissimæ, carinatæ, tenuiter ciliatæ nec laciniatæ, persistentes; ciliis crispis, plùs minùs deciduis. Flores magni, terminales, circiter 3-4, corymbosi (racemi valdè abbreviati), bracteis intermixti, pedunculati. Bracteæ caulinares, circiter 2-3 l. longæ, lineari-lanceolatæ, acuminatæ, sæpiùs ciliatæ, stipulatæ; stipulis multipartito-ciliatis. Pedunculi circiter 8 l. longi, 4-goni, paulò suprà basin 2-bracteati et articulati: bracteæ oppositæ, caulinaribus consimiles. Calyx 5-phyllus, inæqualis, caducus; foliolis latè ovatis, acutis, marginibus subglanduloso-serratis. Petala 5, hypogyna, inæqualia, obovata, aurea, caduca; interiora 3 minora, subcuspidata. Stamina cum pistillo gynophoro brevi hemisphærico inserta: filamenta brevissima, vix manifesta, persistentia: antheræ numerosæ, circiter 4 l. longæ, lineares, angustæ, subinæquales, posticæ, in massulam secundam obtusam nec concavam adglutinatæ; interiores quædam liberæ. Pistillum declinatum. Stylus figuram S referens, subulatus. Stigma simplex, truncatum. Ovarium sessile, oblongum, 3-angulare, 1 loc., polysp. : ovula placentis 3 affixa è lateribus ovarii enatis nec usquè ad centrum productis, primùm breviter lamellatis, deindè 2-fidis; divisuris patentibus, divergentibus, fig. T subreferentibus.

Inveni ad rivulos in jugis altioribus montium dictorum *Serra da Caraça*; alt. circiter 6000 ped. Florebat Februario.

3. Luxemburgia polyandra (1) †.

L. foliis petiolatis, oblongo-ellipticis, basi subcuneatis; floribus racemosis, mediocribus; staminibus numerosis (2).

Luxemburgia polyandra. *Aug. de S.-Hil. Mem. Mus. vol. IX, p.* 351. — *DC. Prod. I, p.* 350.

N. V. Congolha do campo; Mate do campo.

Observation. La description que M. Martius donne de son *Plectanthera ciliosa* est malheureusement peu étendue et n'indique point les caractères de la fleur; cependant elle me paroît suffisante pour établir que cet arbrisseau n'est pas identique avec le *L. polyandra*, quoiqu'il paroisse réellement y avoir entre eux de grands rapports. Celui-ci a, comme le *ciliosa*, les feuilles pétiolées et terminées par une pointe sétacée de deux à quatre lignes de long; mais ces feuilles ont, avec des dimensions plus grandes et surtout plus de largeur, presque la même forme que celles du *Lux. octandra* (3); c'est-à-dire qu'elles sont moins étroites en haut

(1) Les noms spécifiques de *polyandra* et d'*octandra* que j'ai donnés avant que toutes mes plantes fussent réunies, sont réellement très-mauvais, puisque les *Luxemburgia corymbosa* et *speciosa* ont beaucoup d'étamines comme le *polyandra*, et que l'*octandra* n'en a pas constamment huit. Je ne crois pas cependant devoir changer ces noms, par respect pour l'antériorité, loi dont l'observation est tellement utile, qu'il ne doit pas être plus permis à un botaniste, comme l'a très-bien dit M. de Candolle, de la violer pour ses propres plantes que pour celles des autres auteurs. (V. Theor. Elem.)

(2) Je décrirai cette plante ailleurs avec détail.

(3) J'ai rendu la forme de ces feuilles le mieux qu'il m'a été possible; mais je ne

qu'en bas; et M. Martius, au contraire, indique son *ciliosa* comme ayant les siennes ovales, ou, si l'on veut, comme plus larges en bas qu'en haut. Sans être tout-à-fait aussi obtuses que celles du *L. octandra*, les feuilles du *polyandra* ne sont point aiguës, comme M. Martius dit que le sont celles du *ciliosa*; enfin dans ma plante les feuilles n'ont pas de longs cils, mais des dents absolument semblables à celles que M. Martius décrit avec beaucoup d'art dans le *L. octandra*, et seulement plus longues. La capsule de ma plante n'est point *triquètre* comme M. M. dit que l'est celle du *ciliosa*, mais elle est presque semblable, avec d'autres dimensions, à celle de l'*octandra*.

4. Luxemburgia octandra. †

L. foliis subsessilibus, oblongo-ellipticis, angustis, basi subcuneatis; floribus racemosis, parvis; foliolis calycinis ciliatis; staminibus definitis (7-12).

Luxemburgia octandra. *Aug. de S.-Hil. Mem. Mus. vol. IX, p.* 351. — *DC. Prod. I, p.* 350.

Plectanthera floribunda. *Mart. et Zucc. Nov. gen. p.* 40, *t.* 26 (1).

---

sais si j'aurai réussi. En général il est une foule de cas où la même feuille décrite par plusieurs auteurs est représentée par des termes entièrement différens, parce que malheureusement il n'y a aucune uniformité dans les terminologies; et elles sont même tellement vagues que souvent on est tenté d'indiquer par un mot une forme que dans un autre moment on a représentée par un mot différent. Qu'on ne trouve donc point extraordinaire que M. Martius applique dans sa phrase aux feuilles du *Luxemburgia octandra* l'épithète d'*elliptica*, et dans sa description celle d'*oblanceolata*. Ceux qui n'ont jamais décrit de plantes, sont quelquefois surpris de ces espèces de contradictions; mais aussitôt qu'ils décrivent eux-mêmes, ils apprennent à les excuser.

(1) Je ne suis point étonné que M. Martius (V. Nov. Gen.) ait eu de la peine à reconnoître dans les Mémoires du Muséum (1823) l'identité de son *Plectanthera floribunda* avec le *Luxemburgia octandra*. J'avois eu le tort très-grave de ne désigner ces plantes que par des phrases beaucoup trop courtes, et, au point où est la science, de telles phrases ne sont réellement que des énigmes. Aussi ai-je vu des botanistes exprimer de vifs regrets de ce que M. Martius ait indiqué tant d'espèces par de simples phrases dans un ouvrage aussi important que son *Nova genera*. C'est en effet priver le lecteur de ces descriptions détaillées qu'il sait si bien tracer, et exposer ceux qui traiteront les plantes du Brésil à faire de doubles emplois.

FRUTEX 2-6-pedalis, glaberrimus, valdè ramosus; ramis subfastigiatis; cortice cinereo vel subferrugineo, rugosiusculo. FOLIA sparsa, subsessilia, confertissima, stipulata, 1½-2-pol. longa, 4-6 l. lata, raro majora, oblongo-linearia, obtusa vel acutiuscula, basi subcuneata, in petiolum brevissimum attenuata, serrata, mucronata; serraturis sphacelatis, introrsùm uncinatis; mucrone subulato, brevi, è nervo medio exserto; nervo medio proeminente; nervulis lateralibus numerosis, parallelis; venis intermediis reticulatis, per lentem manifestis. STIPULÆ basi 3-quetræ, subulato-setaceæ, parùm ciliatæ, persistentes. RACEMI terminales, sessiles, multiflori, 3-7 pol. longi. PEDUNCULI solitarii, approximati, circiter 2-5 l. longi, 4-goni, basi stipati bracteâ caulinari et insuper paulò infra basin 2-bracteati et articulati : bractea caulinaris, linearis, angusta, acutissima, ciliata, stipulata, caduca : pedunculares caulinaribus conformes. CALYX 5-phyllus, inæqualis, caducus; foliolis oblongo-linearibus, obtusiusculis, ciliatis, lutescentibus; ciliis apice sphacælatis. PETALA 5, subinæqualia, oblongo-elliptica, obtusa, integerrima, lutea. STAMINA 7-15, cum ovario gynophoro brevi inserta : filamenta brevissima, persistentia : antheræ circiter 2½ l. longæ, 4-gonæ, lineares, angustæ, subinæquales, posticæ, apice poris 2 dehiscentes, in massulam secundam obtusam adglutinatæ externè convexam intùs concavam ovariumque ante perfectam floris explicationem amplectentem deciduam. STYLUS brevis, subulatus. STIGMA simplex. OVARIUM pedicellatum, oblongum, 3-quetrum, subuniloculare, polyspermum : placentæ 3 è medio facierum ovarii enatæ (valvulæ margine introflexæ), usque ad centrum productæ, quandoquè subadhærentes, extremitate 2-lobæ, lobis divergentibus retroflexis seminiferæ. CAPSULA circiter 3 l. longa, pedicellata, oblonga, 3-loba, 1-loc., polysperma, trivalvis; valvularum marginibus introflexis, ferè usquè ad centrum productis, seminiferis. SEMINA minuta, oblonga, utrinquè obtusa, quandoquè subangulosa, membranâ cincta angustissimâ apice paulò latiore, obscurè ferruginea. INTEGUMENTUM duplex; utrumque membranaceum. Umbilicus ad extremitatem seminis angustiorem. Perispermum carnosum, manifestum. Embryo axilis, oblongus: cotyledones semiellipticæ, obtusæ: radicula umbilicum ferè attingens.

Crescit in campis altis provinciæ *Minas Geraes*, præcipuè propè *Ibitipoca*, *S. Joaõ del Rey*, *Villa Rica*, in montibus dictis *Serra da Caraça*, etc.

APPENDICE.

Lorsque j'achève de corriger les épreuves de cette *Monographie*, je reçois encore le numéro du *Botanische Zeitung* (21 janvier 1825), où M. Zuccarini a parlé, d'une manière beaucoup trop flatteuse, des deux premières livraisons de l'*Histoire des Plantes les plus remarquables, etc.* Un auteur, livré, comme M. Zuccarini, à d'importans travaux, attache ordinairement peu d'importance à un article qui échappe à sa plume, et qu'il fait insérer dans une feuille hebdomadaire; cependant comme il est convenu que le monographe ne doit rien omettre de ce qui se rapporte aux objets dont il s'occupe, je dirai quelques mots de l'article dont il s'agit.

Il n'y a pas du tout lieu de s'étonner que les caractères du *Luxemburgia*, tracés d'un côté par MM. Martius et Zuccarini, et d'un autre côté par moi, ne soient pas identiques, puisque ces messieurs n'ont vu qu'une espèce en fleurs, et que j'en ai analysé quatre dans l'état de floraison. Ainsi que j'ai déjà eu occasion de le dire (voyez plus haut, p. 86), si, comme ces savans, je n'avois eu sous les yeux que le *Luxemburgia octandra*, j'aurois probablement décrit le genre *Luxemburgia* de la même manière qu'eux.

Je dois regretter de m'être exprimé comme j'ai fait dans ma *Monographie*, sur les anthères des genres *Sauvagesia* et *Lavradia*, puisque je n'ai pas été assez heureux pour me faire comprendre de M. Zuccarini. Une courte explication me rendra, j'espère, plus intelligible, et contribuera peut-être à répandre quelque lumière sur la position de l'anthère relativement aux autres parties de la fleur. Sans parler du bord, l'anthère présente généralement deux surfaces différentes et faciles à distinguer, surtout avant l'émission du pollen. Les loges se portent davantage à l'une des deux surfaces; elles y sont

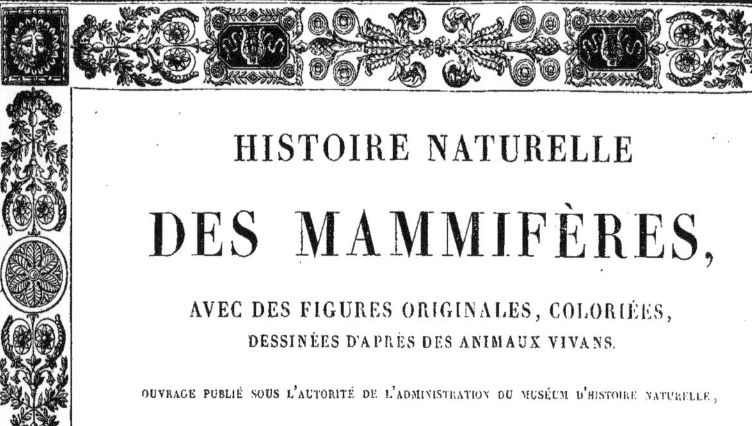

HISTOIRE NATURELLE

DES MAMMIFÈRES,

AVEC DES FIGURES ORIGINALES, COLORIÉES, DESSINÉES D'APRÈS DES ANIMAUX VIVANS.

OUVRAGE PUBLIÉ SOUS L'AUTORITÉ DE L'ADMINISTRATION DU MUSÉUM D'HISTOIRE NATURELLE,

PAR M. GEOFFROY SAINT-HILAIRE,
PROFESSEUR DE ZOOLOGIE AU MUSÉUM,

ET PAR M. FRÉDÉRIC CUVIER,
CHARGÉ EN CHEF DE LA MÉNAGERIE ROYALE.

Cet ouvrage étant arrivé à sa 40e. livraison a été suspendu momentanément afin qu'on pût recueillir de nouveaux matériaux pour le continuer : l'intervalle qui depuis s'est écoulé a été mis à profit ; des dessins nouveaux ont été rassemblés, et sa publication va être reprise avec activité par le nouvel éditeur, qui vient d'acquérir de M. le comte de Lasteyrie *le fonds et la propriété des 40 premières livraisons.*

Jusqu'à présent cet ouvrage, publié grand in-folio, n'avoit pu pénétrer que dans ces riches bibliothèques pour lesquelles la fortune publique, ou les fortunes particulières font de grands sacrifices ; et il étoit en quelque sorte resté inaccessible à celles qui sont plus exclusivement destinées au travail et à l'étude. Afin d'éviter autant que possible cet inconvénient, nous donnerons une Histoire naturelle des Mammifères, format in-4°., qui aura surtout pour objet de former le complément de la partie des Mammifères du RÈGNE ANIMAL *distribué d'après son organisation, par M. le* baron CUVIER, que nous ferons connoître plus particulièrement par un nouveau Prospectus.

Pour faciliter l'acquisition des 40 premières livraisons de l'ouvrage in-folio, une nouvelle Souscription est ouverte. Le prix de chaque livraison de six figures avec le texte est de . . . . 15 fr.

Les personnes qui prendront les 20 premières livraisons ou les 40 à la fois, les recevront classées dans l'ordre méthodique, cartonnées en 2 volumes, avec titre et tables, à raison de 260 fr. le volume, ou les 2 volumes 520

La 41e. livraison in-folio, première du 3e. vol., paraîtra dans le courant de ce mois. . . 15

La livraison de l'ouvrage in-4°., composée de 6 figures dessinées et coloriées, avec leur texte imprimé sur grand-raisin fin, *et dont la publication sera annoncée*, ainsi que nous l'avons dit, *par un nouveau Prospectus* 9

Papier vélin d'Annonay 16

Nota. Les figures seront tirées sur papier vélin d'Annonay. Le texte des deux éditions sera imprimé avec des caractères neufs, et rien ne sera négligé pour l'exécution de cet important ouvrage.

On souscrit chez A. BELIN, *Libraire-Éditeur, rue des Mathurins S.-J.*, n°. 14.

Paris, mai 1824.

Paris, Imprimerie de A. Belin, rue des Mathurins S.-J., n. 14.

www.ingramcontent.com/pod-product-compliance
Ingram Content Group UK Ltd.
Pitfield, Milton Keynes, MK11 3LW, UK
UKHW021145260726
13994UKWH00001B/305

9 782329 338972